당신을 만날 수 있을까

신을 향한 여행자의 29가지 은밀한 시선

당신을 만날 수 있을까

초판인쇄 2020년 10월 8일
초판발행 2020년 10월 8일

지은이 이기행
펴낸이 채종준
기획·편집 신수빈
디자인 서혜선
마케팅 문선영 전예리

펴낸곳 한국학술정보(주)
주 소 경기도 파주시 회동길 230(문발동)
전 화 031-908-3181(대표)
팩 스 031-908-3189
홈페이지 http://ebook.kstudy.com
E-mail 출판사업부 publish@kstudy.com
등 록 제일산-115호(2000. 6. 19)

ISBN 979-11-6603-098-7 03200

당신을
만날 수 있을까

이기행 지음

신을 향한 여행자의
29 가지 은밀한 시선

왓 호 파깨우 사원
▲

라오스에 가면 메콩강을 꼭 보고 싶었다. 메콩강은 황톳빛 탁한 빛깔로 유유히 흐른다. 그런 생각은 개인적인 바람일 뿐, 미리 정해진 일정대로 무리 속에 묻혀 움직였다. 분주하게 이곳저곳 둘러보는 리무진은 오토바이 행렬을 피하며 수도 비엔티안 거리를 달렸다. 차 안은 에어컨이 너무 시원하게 가동되어 한기를 느낄 정도였다. 동남아 열대 특유의 향신료 냄새와 후덥지근한 공기를 맡지 않는 여행은 무슨 의미일까 생각도 했다.

우리 일행은 라오스의 유명한 사찰에 차례로 들렀다. 먼저 라오스 최대 불교 성지 왓 탓루앙 대탑을 구경했다.

탑에는 부처님 가슴뼈 사리가 안치되어 있다고 하며 높이도 45m에 달했다. 게다가 황금빛으로 찬란하게 장식되었다. 에메랄드 붓다를 모시기 위해 세웠다는 왕실 사원 왓 호 파께우도 관람했다. 정작 에메랄드 불상은 태국과 전쟁에서 빼앗겨 지금은 방콕 왕실 사원인 왓 프라깨우에 모셔져 있다. 소나무에 둘러싸인 사찰을 보다가 야자수에 둘러싸인 사원을 보니 꽤 이국적이었다. 라오스가 공산주의 국가임에도 인구 60%가 소승불교를 믿는다더니 과연 둘러본 시내 곳곳에는 불교사원이 많았다.

사원을 훑어보듯 둘러본 우리 일행은 저녁 무렵 대통령궁에서 그리 멀지 않은 빠뚜싸이로 갔다. 광장에 우뚝 솟은 빠뚜싸이는 프랑스와의 전쟁에서 숨진 라오스인을 추모하기 위해 지어졌다. 프랑스로부터 해방한 날을 기념하기 위해 만든 독립문인데, 의아하게도 프랑스 파리의 개선문을 모티브로 하여 만들어졌다.

드넓은 공원을 지나 빠뚜싸이에 가까이 다가갔다. 눈에 먼저 들어온 것은 빛바랜 시멘트 균열 사이로 노출된 철근이었다. 일행은 엔지니어라 표면 상태에 눈길이 갔다. 제각기 유심히 관찰하다가 시멘트가 박리되었다느니 재료 분리도 일어났다느니 한마디씩 거들었다.

기념탑이라고 하면 으레 대리석이나 화강석으로 쌓을 줄 알았다. 빠뚜싸이는 철근 콘크리트 구조물이었다. 그리고 다들 여행을 많이 다녔던지라 빠뚜싸이 원형인 파리 개선문은 물론, 315년에 건립된 로마 콘스탄티누스 개선문까지 봤었다. 태양신을 숭배하던 로마가 콘스탄티누스 황제에 이르러 기독교를 공인하며 세운 기념비라 벽면에 새긴 세밀한 조각들이 인상 깊었다. 그 때문인지 1960년에 완성된 비엔티안 개선문엔 별 감흥을 느끼지 못했다.

삶의 경험이 많아지면 작은 일에는 시큰둥해지니 여행은 가슴이 떨릴 때 가야 한다는 말이 맞는가 보다. 적지 않은 시간을 보낸 탓에 새로운 것에 매번 호기심이 생길 리는 없다. 그사이 아름다운 시간도 덩달아 놓쳤으리라.

바람이 빠뚜싸이 문 사이로 선선하게 불어왔다. 모처럼 무더운 남방국가에서 불어오는 바람이라 개선문 아래 잠시 머물렀다. 바람에 땀방울을 식히려 고개를 든 순간, 천장에는 조각된 벽화가 푸른빛으로 보였다. 불교국가이니만큼 부처님 일대기를 새겨 넣었으려니 생각했다. 자세히 보니 코끼리와 시바 신이었다. 어떻게 빠뚜싸이에 힌두교 신들이 그려져 있는지 신기했다. 천장을 찬찬히 살펴보니 비슈누와 인드라, 락슈미 신들과 원숭이 하누만 대장이 조각되었다.

누군가 기념탑 옆 불룩 튀어나온 조각을 가리키며 사람 같기도 하고, 새 같기도 하다며 궁금해했다.
고개를 돌려 그가 가리킨 조각을 자세히 보았다. 눈에 익은 모습이었다. 키나리라고 가르쳐주니 그가 자꾸 까나리라고 발음했다.

"키나리. 반은 사람, 반은 새. 백조의 날개를 가진 아름다운 여인이지. 신을 찬양하며 춤추고 노래 불러."
"켄타우로스와 비슷하네."

나는 고개를 끄덕였다. 사람의 상상력은 나라나 시대가 달라도 비슷하다. 잠시 회상에 잠기다가 말을 이어갔다.

"키나리와 빠뚜싸이 천장 그림들 모두 힌두 신화에서 나온 신이야. 아래쪽에 비슈누 신이 새겨져 있고, 맞은편 그림은 원숭이 장군 하누만이야. 하누만은 라마와 함께 마왕 라바나를 물리쳤지."

힌두교와 불교양식의 빠뚜싸이

손가락으로 천장에 그려진 신을 가리키며 설명하자 일행 중 한
명이 의아해하며 라오스가 불교국가라면서 힌두교 신들이 왜
나오냐고 물었다.

그는 미국 원조로 빠뚜싸이를 세우면서 중국 원조를 받아 분수
대를 만들고, 게다가 불교 국가라면서 힌두교 신을 모신 이 나라

는 뭔가 뒤죽박죽된 느낌이라고 덧붙여 말했다.

"불교의 뿌리가 힌두교라고 할 수 있거든."

그들은 내 말에 의심쩍은 눈길을 보냈다. 내가 불교사원 관람 중
에도 메콩강은 언제 가보느냐고 투정하듯 말했었기에 불교의
뿌리 운운하는 것에 미덥지 않아 했다. 그들의 눈빛은 개의치 않
았다. 다만 하루라도 빨리 붉은 흙탕물로 유유히 흐르는 메콩강
을 바라보고 싶었다.
라오스에서 돌아온 후 주택 지하실로 내려갔다. 책장에 묵혀 둔
책 꾸러미를 뒤적인 끝에 노트 한 권을 끄집어낼 수 있었다. 노
트에는 고르지 못한 필체로 여행기록이 빼곡하게 적혀있었다.
노트에 껴 있는 사진을 들춰보며 그날의 기억을 새록새록 떠올
렸다.
한 여행자가 라오스를 숨어 있는 보석이라고 하였을 때, 길동무
가 될까도 생각했지만 그러지 못했다. 그 여행자는 남쪽으로 내
려갔고, 나는 북쪽으로 올라갔다. 그는 무더운 아라비아 해변의
열기를 견뎌내며 걸었고, 나는 히말라야 차가운 공기를 마시며
걸었다. 그가 라오스 승려들의 탁발행렬을 따라가며 합장하였을
때, 나 또한 티베트 승려들의 행렬을 따라가며 합장하였다. 그가

보내온 소식에서 라오스 사람들의 눈동자에서 웃음소리가 크게 들릴 것 같다고 했다. 그의 말을 확인하기까지 시간이 너무 흘러 버렸다.

'당신은 지금도 걷고 있습니까?'

Contents

01.

집 떠나면 고생길

카필라 왕자는 무명을 멸하기 위하여
안락한 속세를 벗어나 무소의 뿔처럼 걸어갔다.
그리고 마침내 깨달음을 얻고 석가모니가 되셨다.

싯다르타의 출가

이른 아침 오사카 간사이공항 활주로에서 비행기가 이륙할 준비를 했다. 율과 내가 오사카에 머무는 동안 하루 종일 비가 추적추적 내렸다. 우리는 말없이 창문으로 빗방울이 듣는 것을 내내 지켜보다가 항공편이 이륙한다는 방송을 듣고 일어났다.

우리가 탄 보잉 747은 빗줄기를 헤치고 이륙했다. 우중충한 날씨의 오사카 시내와 달리 구름을 뚫고 올라가자 청명한 하늘과 새하얀 구름이 나타났다. 창밖으로 보는 광경은 그지없이 신비로웠다. 비행기 날개 끝으로 아득히 펼쳐진 구름은 그곳이 땅 위 또 다른 세상임을 느끼게 했다. 옛사람이 신은 하늘 구름 위에 계신다고 믿은 것도 무리가 아니었다. 물론 지금이야 신이 성층권에 계신다고 말하는 사람은 없다.

망망한 대양에 떠 있는 뭉게구름 속을 지날 때는 떠난다는 설렘 때문인지 창에서 눈을 돌리지 못했다. 구름이 사라져도 바다와 하늘이 모두 파랗게 뒤섞여 잠시도 시선을 떼지 못했다. 서쪽으로 태양을 따라 비행기는 빨리 날아갔지만, 끝내 아폴론의 태양 마차는 구름 속에서 놓치고 말았다. 이윽고 창밖은 어스름해졌다.

하늘 위에는 극락도 천국도 없다.

　상념 속에 빠진 나를 현실로 일깨운 것은 발 통증이었다. 신발을 벗어 발바닥을 주무르고 다시 신으려 하니 신발이 안 맞았다. 신발이 작아질 리 없으니 발이 커진 것이다. 높은 고도에서 낮아진 기압 때문에 발도 통통 불어났는가 싶었다. 그런 생각을 하니 내 얼굴도 커졌고, 윙윙거리는 소리 때문에 귓구멍도 커져 버렸다고 생각했다. 그러다가 귀에서 고막이 똑 소리를 내고 빠져나오지는 않을까 별별 생각을 다 하는 순간 이내 멀미가 심하게 왔다.

　머릿속 달팽이관 림프액이 출렁거리며 균형을 잡지 못하는 느낌이 들었다. 빙글빙글 도는 느낌에 눈을 질끈 감았다. 좌석의 부드러운 시트마저 비행기 미세한 진동으로 무척 껄끄럽게 느껴졌다. 저절로 양미간이 좁혀지고 앞 좌석 잡은 손아귀에 힘이 들어갔다. 그 와중에 『노르웨이의 숲』에서 와

타나베가 북해의 상공을 비행할 때 머리가 터져버릴 것 같은 현기증을 느꼈다는 문장이 생각났다.

승객 사이를 지나가던 스튜어디스가 내 자리에 오더니, 발걸음을 멈추었다. 그녀는 사색이 되어가는 내 안색을 살펴보더니 괜찮으냐고 물어왔다. 나는 제대로 말하지 못하고 인상 굳은 채 고개만 가로저었다. 그녀는 내가 멀미로 고생하고 있음을 알아차리고 곧 멀미약과 차가운 물을 가져왔다. 그 후로도 그녀는 내 옆자리를 지날 때마다 종종 내 상태를 확인했다. 나는 괜찮다고 고개를 끄덕였다. 정말 그녀가 건네준 약을 먹고서 멀미는 가라앉았다. 그녀는 상냥한 미소를 짓더니 작은 목소리로 어디로 여행가는지 물어왔다.

"옆자리 친구와 같이 부처님의 성지를 찾아가는 거예요."

나는 손짓으로 옆자리에 앉아 있는 율을 가리켰다. 그는 내가 비행기 멀미에 시달리고 있는지도 모르는 듯 태평한 표정이었다. 어쩌면, 제대 후 근 일년 넘게 보지 못했고, 그전에도 자주 볼 수 있는 처지가 아니어서 서로의 안색을 헤아리지 못하는 것이 당연했다. 제대하고도 그는 여전히 짧은 머리와 뿔테 안경을 고집스레 쓰고 있었다. 얼굴도 훈련받을 때 가무잡잡한 모습 그대로 변함없었다.

군 복무 시절 그와 나는 서로 다른 부대에 소속된 불교 군종병이었다. 평소 대대에서 일반병처럼 훈련받다가 일요일만 되면 절에서 여러 허드렛일을 거들어 주곤 했다. 어느 날 율과 다른 대대 군종병 모두 사찰에 모여 군종병으로 복무했던 치 법사님의 제대를 축하해주는 자리를 가졌다. 그리고 치 법사님이 제대 후 부처님의 가르침을 배우기 위해 인도 델리대학원으로 유학 간다는 것에 모두 자기 일처럼 기뻐했다. 거기서 율과 나와 몇몇 대대 군종병은 법사님이 인도에 계실 때 그 나라로 가서 부처님의 발자취를 따라가겠노라고 서원했다. 물론 그런 약속은 분위기에 취해 의도치 않게 나왔고, 성지순례를 하러 가겠다고 손든 다른 사람들도 그리 큰 의미를 두지 않았다.

법사님이 제대하시고 세월이 흘러 군종병들도 하나둘씩 제대하여 서로 연락이 닿지 않게 되었다. 나도 복학하여 군에서 맺은 인연과 멀어지고, 밀린 학업을 보충하고 틈틈이 학교 선후배와 동동주 잔을 부딪치느라 바쁜 나날들을 보냈었다.

그러던 어느 날 율에게서 연락이 왔다. 이번 겨울에 약속했던 대로 부처님이 계셨던 성지로 떠나자는 것이었다. 하지만, 나는 나름대로 취업 준비로 토익점수를 올리고 기사 자격증도 취득할 계획이었다. 그 와중에 그가 갑작스럽게 성지순례를 하자니 무척 당황했었다. 굳이 나갈 형편도 안 되었고, 만약 해외로 갈 수 있다면 유럽에나 갈 일이지 왜 인도로 갈까 싶었다. 율은 내게 껄끄러운 군대 고참이었고, 근 일 년 넘게 연락도 없어 서먹했다. 더구나 이제 나는 절에 다니지 않았다. 율과 인도 여행을 하다니 정말 얼토당토않다고 생각했다.

율과 내가 뭄바이 사하르 국제공항에 도착한 시간은 저녁이 훨씬 넘어서였다. 공항 수화물 센터에서 짐을 찾고 출국장을 찾기 위해 공항에서 서성였다. 밤이 깊어 공항 큰 창문 밖은 어둑어둑해졌다. 밤에 에어컨은 작동하지 않는지 실내는 후덥지근하고 말로 형용할 수 없는 냄새로 인하여 머리가 어질어질했다. 어서 청사를 벗어나고자 창가로 다가가니 한밤중 유리창 밖에서 뭔가 무리 지어 희끄무레한 것이 붙어 있었다. 다닥다닥 창문에 무엇이 붙어 있나 근처로 다가갔다. 그 실체를 확인한 순간 우리 둘은 동시에 멈칫했다. 서로 당혹감에 어쩔 줄 몰라 했다. 희끄무레하다는 것은 인도인들이 몸에 걸친 누리끼리한 도티와 사리였다. 그들은 공항 창가에 촘촘히 붙어서 출국장으로 나오는 외국인들을 빤히 응시하고 있었다. 뭄바이가 인도 최대 상업 도시고 가장 경제가 번성한 곳이라 했다. 공항 시설이 낙후된 것은 그렇다 쳐도, 사람들이 공항 문으로 나오는 외국인에게 달라붙으며 애원하는 모습은 충격이었다.

수천 년 전, 룸비니에서 태어난 카필라 왕국의 왕자는 난생처음 성 밖을 나갔을 때 거리에 굶주리고 병든 사람들이 가득한 것을 보고 무척 놀랐다. 왕궁 안에는 모두 건강하고 젊은 사람들이 있었으며, 항상 즐거운 일이 있는 곳이었다. 왕궁 밖으로 나간 왕자는 사람이 늙을 수도 있고 병들 수도 있다는 것에 놀랐다. 가난하고 병들었음에도 돌봐주는 사람이 없어 제대로 먹거나 치료받지 못하고 고통스러워하는 모습에 충격도 받았다. 왕자가 29세가 되던 해, 자신의 안락한 삶을 버리고 그들을 구제하고자 가난하고 병든 사람들이 넘치는 거리로 나섰다.

공항 안과 밖은 카필라 왕국과 흡사했다. 왕자의 행적을 따라 공항 밖으로 나가면 잠시나마 그분의 깨달음 한 티끌이라도 이해할 수 있을까? 공항 청사 창밖으로 야위고 남루한 인파들 속으로 쉽게 발길이 옮겨지지 않았다.

공항 출입문 앞에서 우리는 지갑을 주섬주섬 꺼내어 미리 잔돈을 챙겼다. 문 앞에서 외국인이 나갈 때마다 손을 뻗치는 사람들을 차마 외면하기 힘들었다. 같은 비행기에 탑승했던 다른 한국인 일행이 우리에게 동전 몇 닢 건네주어봤자 가난을 구제할 수 있는 것도 아니잖냐며 지갑을 도로 넣으라고 말했다. 그 말을 듣고도 지갑을 집어넣지 못하고 엉거주춤한 모습을 보이니 그 일행 중 한 남자가 못마땅한 표정을 짓더니 어떻게 왔냐고 물었다. 율과 나는 입을 맞춰 번갈아 말했다.

> "성지순례 왔어요. 뭄바이에 도착하면 바로 아잔타 석굴을 볼 거고요. 계속 북쪽으로 올라가서 산치와 불교 4대 성지인 룸비니부터 보드가야, 사르나트, 마지막으로 쿠시나가르를 봅니다."
> "그렇군요. 그러면 오늘 밤 뭄바이에서는 어디서 묵죠?"

율과 나는 서로 얼굴만 쳐다보았다. 서로 먼저 말하길 바랐지만, 어처구니없게도 우리는 아무런 준비도 하지 않았다. 인도 어느 도시에 어느 유적지를 봐야 한다는 것은 미리 준비했지만, 그 도시에서 어느 호텔에 머물고 어떤 교통편으로 갈지 몰랐다. 아무런 대꾸도 못 하고 율과 나는 민망해하며 서로 얼굴만 쳐다보았다. 기본적인 준비도 안 해왔냐고 서로 원망하는 눈빛을 나누었다. 이제 낯선 곳에서 어디로 갈지 막막한 마음뿐이었다. 당장 이 공항을 벗어나서 어디로 간단 말인가.

우리가 딱해 보였던지 일행 중 빨간 배낭을 멘 여자가 배낭에서 여행서 한 권을 꺼내 건넸다. 자기 일행도 비슷한 책이 있으니 우리가 여행할 때 유용할 거라고 했다. 책을 건네준 그녀는 내가 책장을 넘겨보는 것을 물끄러미 바라보더니 한숨을 쉬었다.

"우리는 북쪽으로 갈 거라서 여기서 헤어져야 해요. 오늘 밤 갈 곳 없다면 타지마할 호텔 옆에 있는 셀베이션 호스텔에서 묵어요. 인디아 게이트 옆에 있어 찾기 쉽고, 안전한 곳이에요. 나마스떼!"

그녀가 두 손을 공손히 모으고 힌디어로 인사하자 우리도 얼떨결에 손을 모아 합장했다. 율은 부지불식간에 입 밖으로 나무아미타불을 읊었다. 그녀는 키득대며 말했다.

"나마스떼는 힌디어로 '안녕하세요'라는 의미예요. 나무아미타불이라고 할 때 그 '나무'와 같아요. 바로 당신께 귀의한다는 뜻이죠."

율은 절에서 '나무아미타불' 하며 합장하는 인사의 기원이 이 나라 길거리에서 흔히 하는 인사말이었다는 것에 사뭇 놀라워했다.
율이 느끼는 경이감에 동감하며, 나도 두 손을 가지런히 모으고 뒤돌아가려는 그녀에게 힌디어 한마디 더 가르쳐 달라고 했다. 그녀는 우리가 신기해하는 모습을 보며 웃더니 한마디 더 알려줬다.

"어쩌면 '피르 밀렝게'를 알아두면 좋을 것 같아요."
"네? 무슨 뜻이에요?"
"씨유 어게인!"

그녀는 일행을 좇아 바삐 걸음을 옮기며 마치 우리가 인사할 것을 예상했다는 듯 뒤돌아보지도 않고 손을 흔들어주었다.

공항버스를 간신히 타고 그녀가 알려준 뭄바이 시가지로 갔다. 버스 차창에 머리를 기대며 뭄바이 밤거리를 물끄러미 바라보았다. 희미한 불빛의 가로등 아래, 사람들이 옹기종기 모여 있었다. 사람들은 긴 옷자락을 머리까지 감싸 올리며 누워 자고 있었다. 바닥에는 제대로 치우지 않은 쓰레기가 바람에 나뒹굴었다. 인적 끊긴 골목에는 여러 마리 개들이 어슬렁거렸다. 덩치 큰 소 몇 마리도 할 일 없이 밤거리를 헤맸다. 도로 가장자리에 세워진 오토릭샤마다 기사들이 의자에 기대어 앉아 잠을 청했다. 밤하늘을 올려다보니 전주마다 전깃줄이 난마처럼 얽혀 있었다. 비행기에서 느꼈던 설렘은 단박에 사라지고, 이제 어떻게 여행을 해야 할지 어질했다.

공항에서 만났던 그녀 말대로 웅장한 타지마할 호텔 바로 옆 골목에서 셀베이션 호스텔을 찾을 수 있었다. 널찍한 사거리에 4층 유럽풍으로 지어진 석조건물이었다. 그리고 레드 쉴드 하우스라는 이름을 보고서 그 호스텔인 줄 알았다. 호스텔 주위 밤거리는 어둑했다. 날은 습하고 얼굴이 달아오를 정도로 열기가 감돌았지만, 사람들은 긴 천을 몸에 두르고 웅크린 채 길거리에서 자고 있었다. 어떤 이는 깊은 병이 들었는지 지저분한 도로 연석에 걸터앉아 힘없이 가로수 나무에 기대어 있었다. 다른 사람들도 거리를 배회하며 잠들거나 앉아 있거나 떠돌아다녔다. 그들을 위해서라도 날이 춥지 않아 다행이라 생각하며 호스텔로 황급히 들어갔다.

구세군 호스텔 앞 뭄바이 타지마할 호텔

　호스텔 내부는 늦은 저녁임에도 외국인들이 북적대며 돌아다니고 있었다. 한 무리는 안쪽 식당에서 책을 보고 있었다. 카운터에서 젊은 인도인이 나오더니 숙소가 꽉 차 우리가 머물 방이 없다고 했다. 예약도 없이 밤늦게 찾아온 까닭에 우리는 애원도 못 하고 망연자실 서 있기만 했다. 호기롭게 집을 떠나 이역만리 성지순례를 떠나왔지만, 타지에서 잠잘 곳을 찾아 밤거리를 헤매는 것은 엄두도 못 낼 일이었다. 버스 타고 오면서 보았던 거친 거리와 낯선 사람들 사이로 다시 돌아가고 싶지 않았다.

　매니저는 우리를 안쓰럽게 생각했는지, 여행객들이 방에 들어가면 사람들이 다니지 않을 테니, 복도에서라도 자라고 했다. 거리를 헤매며 숙소 찾기가 막막했던 우리는 내쫓기지 않고 하룻밤 묵을 수 있는 것에 감사했다. 율과 나는 다른 여행자들이 다니는 데 불편하지 않도록 구석진 복도에서 돗자리를 깔았다. 그제야 비로소 셀베이션 호스텔이 구세군에서 운영하는 숙소임을 알았다. 기독교의 자선으로 우리가 복도에서나마 피곤한 몸을 누일 수 있다는 것에 묘한 감정이 들었다. 성탄절만 되면 군복을 입은 구세군이 자선냄비 앞에서 핸드벨을 울리던 생각이 났다. 어쩌면 내가 지나치지 못하고 지폐를 헌금했던 적이 있기에 지금 그 보시의 업보를 받았다고도 생각했다.

건물 내부가 소등되자 여행객들이 자기 방으로 들어갔다. 그들은 행여나 복도에서 노숙하는 우리를 밟진 않을까 조심스레 벽에 손을 짚고 지나갔다. 길거리에서 자는 사람들과 다른 게 있다면 우리는 밤하늘을 볼 수 없다는 것뿐이었다. 순례 여행 첫날 밤 우리는 걸인 행색으로 침낭을 뒤척이며 잠을 청해야만 했다. 불과 몇 시간 전 여객기에서 기내식으로 스테이크를 먹으며 들떠있었던 우리였다. 그래도 싯다르타의 출가만큼 극적이지는 않았다. 전날까지 왕궁에서 시종들에 둘러싸여 사치스럽게 지내다가 출가 후엔 황무지에 홀로 남아 헐벗은 채 밤을 맞이했으니까.

기원전 600년, 카필라 왕국을 벗어난 왕자는 아노마 강가에 도착했다. 안락한 궁전과 달리 들판은 황량하고 사람들 옷은 너절했고 거리는 더러웠다. 그리고 찬바람은 거셌다. 왕자는 서슴없이 윤이 흐르는 긴 머리카락을 잘랐다. 그가 걸친 화려한 비단옷도 벗어 던졌다. 왕자가 타고 오던 말을 달래던 시종 찬나는 어쩔 줄 몰라 했다. 왕자는 삶과 죽음에 대한 깨달음을 얻기 전까지 카필라 왕국으로 돌아오지 않으리라 결심하고 두려움 없이 밀림 속으로 걸어갔다. 유유히 사라진 왕자를 시종한 찬나는 말고삐만 붙들고 싯다르타 왕자님만 부르며 하염없이 울기만 했다.

02

너를 만들었다 해도 너는 내 것이 아니다

힌두교 신 브라흐마, 시바, 비슈누는
삼위일체 숭배받으며, 이 중 브라흐마는
저절로 있게 된 신으로 세상을 창조한 신이다.

힌두교 브라흐마

이른 아침, 요란한 까마귀 우짖는 소리에 잠을 깼다. 시계를 보니 6시였다. 열린 창밖으로 나뭇가지마다 까마귀가 득실대고 있었다. 까마귀들이 날갯짓할 때마다 나뭇가지는 힘겨운 듯 건들건들하며 부러질 듯했다. 다른 까마귀 떼는 어둑어둑한 여명의 하늘을 박쥐 떼처럼 날아갔다.

구세군 건물에서 뭄바이 항구를 목적지로 삼아 거닐다가 바닷가에 화려하게 솟아 있는 건물까지 걸어왔다. 근처 바다 짠 내음이 물씬 풍겨오고 야릇한 향신료 냄새도 나왔다. 눈에 보이는 것과 코로 맡아지는 것이 모두 이국적이었다. 아라비아 해안에서 불어오는 바닷바람은 아침부터 뭄바이를 뜨겁게 만들었다. 바닷가에는 고기잡이배부터 사람을 태운 나룻배까지 다양한 모양으로 모여들어 항해하였다. 몇몇 어선들이 부두에 직접 정박하자 인도 사람들이 한꺼번에 많이 모여들었다. 사람들 옆에는 웅장한 석조건물이 우뚝 솟아 있었다. 인디아 게이트였다.

인도가 대영제국의 식민지 시절 영국 국왕의 인도 방문을 기념해서 만든 문이었다. 해방과 동시에 진작 없어질 건물이었지만, 영국군이 인도에서 물러날 때 저 문을 통과해서 떠났기에, 인도의 독립을 기념하는 상징물로 남을 수 있었다.

    뭄바이에서 엘레판타 아일랜드를 가기 위해 뱃삯을 지불하고 한 시간 동안 배를 탔다. 보트 안은 많은 인디언이 가족과 함께 놀러 왔는지 웃음소리가 멈추지 않았다. 젊은이들 몇몇은 청바지를 입고 갑판에 기대어 바닷바람에 휘날리는 머리칼을 연신 쓸어 올렸다. 뜨거운 햇살과 망망한 바다 한가운데 배는 통통거리며 움직였다. 이렇게 계속 항해하다 보면 인도양을 건너 아라비아반도로 간다. 아프리카를 우회하여 유럽에도 갈 수 있다. 뒤돌아 인디아 게이트를 보니 인도로 진입하는 하나의 관문으로서 위풍당당해 보였다.

▼
엘레판타 아일랜드 갯벌

너를 만들었다 해도
니는 내 싯비 아니타

엘레판타섬 선착장에 도착하여 배에서 내려왔다. 우리를 마중 나온 것인지 펄과 모래사장에 소들이 어슬렁거렸다. 소들은 길거리에서나 갯벌에서나 태평했다.

밀림 안쪽으로 들어가니 바위에 굴을 파고 만든 동굴사원이 나왔다. 힌두교 사원이었다. 어떻게 그 거대한 절벽 안으로 굴을 파 들어가 거대한 기둥과 조각을 남겨놓을 수 있었는지…. 조성된 지 천년의 세월이 지났건만 석굴의 조각은 매우 세밀했다. 굴 안으로 들어가니 수 미터 크기 조각상이 즐비했다. 세월의 흔적은 어쩔 수 없었는지 부조상 일부분은 떨어져 나가고 없었다. 기둥에는 팬 자국이 여럿 보여 손으로 만져보니 뒤에서 총알 자국이라는 말소리가 들렸다. 포르투갈 군대가 이곳을 침략한 후 사격 연습을 하느라 많이 훼손된 자국이라는 것이다. 석굴을 찬찬히 감상하고 있을 찰나, 다시 뒤에서 목소리가 들렸다.

"엘레판타의 위대한 석굴은 7세기 동안 만들어진 동굴 조각이야."

뒤돌아보니 인도인이 웃으며 내게 손을 내밀었고, 자신의 이름을 라커라고 소개했다. 얼떨결에 그의 손을 잡고 악수했다.

"지금 보고 있는 신 이름은 시바야. 파괴의 신이라고 하지."

그가 조각품 앞에서 힌두교 신의 이름을 알려주었다. 그는 조금 더 오른쪽으로 가더니 라마야나 신화의 이야기를 조각한 동굴이라며 안내했다. 여기 섬에는 모두 7개의 섬이 있으며, 시바 신뿐만 아니라 비슈누 신이 많이 조각되었다고 했다.

힌두교는 세상을 창조한 브라흐마와 세상을 보존해주는 비슈누, 그리고 세상을 파괴하는 시바를 모신다. 힌두교의 많은 신은 모두 브라흐마와 비슈누, 시바가 변신한 신들이다. 이 중 특히 시바가 인도인에게서 인기가 많다. 파괴를 관장하는 신으로 사람들이 무서워할 것도 같지만, 파괴는 곧 새로운 창조를 가져오는 양면성이 있기에 더 나은 삶을 바라는 이들에게 시바는 구원을 상징한다. 이런 양면성은 때론 변덕으로 보여 시바는 요가와 명상을 하면서도 난잡한 생활과 괴상한 춤을 즐긴다. 자비를 베풀다가도 포악한 심성을 드러내 무자비하게 처벌하기도 한다.

너를 만들었다 해도
너는 내 것이 아니다

시바는 여러 개의 얼굴과 팔을 가졌으며 손에는 창이나 북 등이 쥐어져 있었다. 율에게 그 모습이 관세음보살의 천수 천안 모습과 비슷하다고 웃으며 말했다. 율은 중생을 보살피기 위해 물병을 들고 있는 관세음보살이 어떻게 해골 방망이를 들고 있는 시바 신과 같을 수가 있냐며 언짢아했다.

라커는 우리를 계속 끌고 다니며 엘레판타의 여러 석굴을 보여주었다. 늦게나마 라커가 여행가이드라는 것을 비로소 알았다. 졸지에 개인 가이드를 두고 관람하게 되어 그의 뒤를 졸졸 따라갔다. 그는 조각상마다 이름을 불러주었다. 시바의 아내 칼리나 파라비티, 두르가를 언급하기도 했다. 비슈누에 대해서는 자애로운 신으로 이 세상에 물고기나 수사자, 산돼지로 태어나기도 했고 왕이나 군인, 스승으로 태어나기도 하면서 인간을 많이 도와준다고 했다.

또, 트리무르티라고 하여 브라흐마, 비슈누, 시바는 각각 다른 신이면서도 하나의 신이라고도 했다. 우주의 창조와 유지, 파괴는 일련의 작용으로 순환적으로 이루어지므로, 하나의 신이라고 할 수 있을 것 같다. 그리고 보니 기독교에서 말하는 하나님과 예수님과 성령이 하나라는 삼위일체와 같다고 생각했다. 다만, 힌두교의 삼위일체는 돌고 도는 순환적인 구조에서 이해되지만, 기독교 삼위일체는 종말론적 사고에서 구원과 관련 있다.

너를 만들었다 해도
니는 내 깃비 아니나

파괴의 신 시바 조각상

라커는 시바와 비슈누에 대해서 말을 많이 했지만, 정작 세계를 창조했다는 힌두교 최고의 신 브라흐마에 대하여 별말이 없었다. 브라흐마는 기독교 관점에서 본다면 천지창조한 여호와의 지위다. 그가 어떤 모습으로 세상을 창조했는지 궁금했다.

"브라흐마에 대한 조각품도 보고 싶은데."
"브라흐마? 여기 석굴에는 없어. 다른 지방에서도 그 신을 모시는 사원이 별로 없어."

힌두교는 애초에 브라흐마를 믿는 브라만교에서 비롯됐다. 또 브라흐마를 모시는 사제를 브라만 계급이라 하여 신과 인간 사이에서 가교할 수 있는 위치이며, 사회적으로 매우 높은 계급을 차지하고 있다. 하지만, 정작 브라흐마를 모시고 있는 사원이나 신도는 매우 드물다고 했다. 창조와 보존과 파괴에 대한 역할에서 창조를 담당한 브라흐마는 세상이 이미 창조되었기 때문에 이제 더는 할 일이 없다는 것이다. 대신 세상을 지켜달라고 비슈누에게 빌고, 세상이 파괴되지 않도록 시바를 숭배한다. 아무리 그래도 별별 신을 모시고 있는 다신주의 인도에서 정작 신 중의 신, 만물의 신이 그 역할이 끝났다는 이유만으로 야박하게 대접받다니 이해할 수 없었다.

다른 종교에서 인간을 창조한 신은 피조물 주제에 말을 듣지 않는다고 하여 불과 물로 틈만 나면 멸족시키려 했다. 어쩌면 자식도 품 안에 있을 때나 자식이지, 성장하면 자기와 다른 존재로 받아들여야 한다. 그런 면에서는 브라흐마 신이 잘 실천하는가도 싶었다.

잡생각을 떨치고 율에게 브라흐마 같은 절대 신을 놔두고 다른 신을 고를 수 있다니 인도인 발상이 참 속 편하다고 말했다. 율은 옆에서 듣다가 말을 거들었다.

> "브라흐마라면 불법의 수호신 범천을 말하는 거야. 하늘 중 가장 위의 하늘을 다스리는 임금이잖아."

범천의 앞 글자 '범'이 브라마에서 음을 따온 것인데, 세상을 창조했다는 힌두교의 브라흐마 신이 어느새 부처님 불법을 보호하는 범천 신으로 둔갑

너를 만들었다 해도
나는 내 깃이 이미

했나 싶었다. 범천의 어원인 브라흐마를 석굴 안에서 듣게 되었을 때, 나는 불교에서 나오는 신들이란 인도 설화나 힌두교에서 비롯되었다고 생각했다. 반면 율은 시방세계 부처님과 불법과 스님을 보호하는 신의 증거로 보았다.

라커는 석굴을 나오고 나서야 우리에게 인도에는 어떻게 왔냐고 물었다. 우리는 부처님을 뵙기 위해 인도에 왔다고 말했다. 그러자 라커가 반색하며 비슈누 신 중 한 분이 바로 스승으로 이 땅에 온 '붓다'라고 했다. 그러면서 하이파이브하듯 손을 쳐들었다.

"너희들도 우리와 같이 비슈누 신을 모시는 사람이야."

율에게 라커가 우리가 부처님을 믿는 것은 힌두교 신을 모시고 있는 것과 같다고 말해주자, 순간 율의 표정이 몹시 일그러졌다.

인도에서 불교가 어떻게 사라졌을까? 어쩌면 인도인에게 불교는 힌두교와 별반 차이가 없을 수도 있다. 힌두교가 추구하는 해탈이라는 세계관이 그리 낯설지 않았다. 불교는 욕망에서 벗어나는 해탈을 최고의 가치로 여긴다. 힌두교에서도 사람은 신에게 다가가기 위해 정진하여 마침내 해탈(목샤)해야 한다. 단지 힌두교에서는 불교에서 강조하는 무소유와 금욕과 달리 인생에서 세속적인 부(아르타)와 쾌락(카마)을 단계별로 거치는 것을 인정한다. 힌두교를 믿는 사람들 생활이 불교보다 덜 빠듯하다는 차이뿐이다.

태어남과 죽음이 순환하는 윤회라는 개념도 비슷하다. 그리고 어쩌면 불교가 소승불교에서 대승불교로 변하면서 여러 신을 믿는 힌두교처럼 변했을지도 모르겠다. 각국으로 전파된 불교가 그 나라의 문화와 자연환경의 다양성을 포용하면서 토착 신앙까지 인정했다. 그러면서 불법을 보호한다고 하여 많은 신이 생겨났다. 번개를 다루는 제석천과 바다를 다스리는 사해 용왕, 북방의 금강 야차와 수미산 남쪽 건달바, 그리고 난폭한 아수라가 등장했다. 우리 민족 고유의 신앙인 삼신할미를 모시는 삼신각도 버젓이 사찰에 자리 잡고 있어 산모와 아기의 생명을 지켜준다.

　이런 이유로 결국 불교가 다신주의 힌두교에 흡수되어 사라져버린 것은 아닐까? 붓다가 비슈누의 화신이라고 생각하고 있다면 힌두교가 불교를 포용하는 것이 맞는 말이다.

　하지만, 불교와 힌두교의 가장 큰 차이점은 평등이었다. 인간을 평등하게 대하지 못했던 힌두교에 비하여 불교는 사람을 분별하지 않았다.

힌두교 삼위일체 신 트리무르티
▲

03.

행여나 살생할까

입도 벌리지 마라

자이나교의 마하비라는 극단적인 고행으로
깨달음의 경지인 니르바나에 도달하였다.
특히 불살생이 매우 중요한 계율이다.

자이나교 마하비라

엘로라행 버스 차창 너머 도시 풍경을 바라보았다. 아우랑가바드는 인도 중서부 데칸고원에 자리 잡았으며, 무굴제국 마지막 황제 아우랑제브의 수도였다. 아우랑제브는 형제들 간 동족상잔을 겪고 아버지마저 유폐시키고 제위에 올랐다는 점 때문에 무굴제국을 철저한 이슬람 제국으로 만들었다. 힌두교와 불교, 자이나교 같은 이단 종교사원은 파괴되었다. 그나마 남아 있는 것은 도시 외곽 황무지에 자리 잡아, 눈에 띄지 않던 동굴사원뿐이었다.

비록 다른 종교에 적대감을 가진 아우랑제브 황제였지만, 이슬람교도로서 충실하게 살았으며 죽어서도 교리에 맞게 매우 검소하게 안치되었다. 이슬람교도에게 있어 죽음이란 인간 세상에서 알라 세상으로 가는 관문으로 장례식은 매우 간소하고 단순하다. 설령 그가 부자든 거지든 죽으면 모두 알라 앞에서 동등한 모슬렘이기에 똑같이 공동묘지에 매장된다. 생전에 아무리 화려하게 살았어도 죽어서 매장될 때는 여느 사람들과 같이 시신은 양탄자로 둘둘 말려 공동묘지에 가난한 사람들과 같이 묻힌다. 어떤 비석이나 기념 조각 없이 다만 흙더미 앞 작은 돌에 이름만 새겨질 뿐이다.

다만, 아우랑제브 황제의 무덤은 이슬람 창시자 모하메드의 옷과 수염도 같이 안치되었다고 하여 많은 모슬렘이 순례차 방문한다.

엘로라 석굴 앞에 도착했다. 버스에서 내리자마자 입구에는 어김없이 투어가이드를 자청하는 사람들이 몰려들었다. 그들을 모른 척하며 들어가던 중 한 인도인이 우리 앞을 막았다. 자기는 나라에서 인증된 투어가이드라며 자신을 쫓아오라는 손짓을 하고 먼저 앞장섰다. 너무 당당해 또 개인 가이드를 두고 말았다.

> "엘로라 석굴은 500여 년 동안 만들었어요. 엘로라는 34개의 석굴로 이루어졌죠. 남쪽부터 차례대로 12개의 불교 석굴과 17개 힌두교 석굴, 5개의 자이나교 석굴이 있어요."

▼
엘로라 석굴 - 불교, 힌두교, 자이나교 사원

행여나 살생할까
입도 벌리지 마라

그의 안내대로 불교 석굴부터 힌두교 석굴을 지나 자이나교 석굴까지 당시 인도에 유행하던 종교사원을 순서대로 둘러보았다. 먼저 들어선 불교 석굴은 승려들의 수행과 참선을 위한 방이 있었다. 이런 방을 비하라라고 하며 벽면에 부조로 여러 보살상과 부처님 모습이 새겨져 있었다. 스님들이 모여서 참배하는 방은 차이타라고 하여 안에 탑과 부처님상이 모셔져 있었다. 부처님상 앞에서 율과 나는 손을 가지런히 모아 참배를 드렸다.

인도에 싯다르타와 많은 선지자가 나올 수 있는 것은 기존의 믿음을 허물지 않고 그 믿음을 토대로 더 큰 진리를 쌓고, 또 그 위에 더 큰 진리를 쌓을 수 있었기 때문이라고 생각했다. 만약 이곳에 기독교나 이슬람교가 전파되었다면 켜켜이 쌓아가는 진리는 이단으로 몰려 금세 허물어졌을 것이다.

엘로라 석굴 중 불교 마지막 석굴은 바위 속에 건물을 집어넣은 것처럼 베란다와 기둥이 장엄하게 나타났다. 안에는 여러 부처님과 보살상들이 모셔져 있어 거대한 미술관을 연상시켰다. 카메라 가방을 멘 율은 숙연한 표정을 짓고 캐논 DSLR 셔터를 연신 누르며 돌아다녔다. 그가 조심스럽게 들고 있는 캐논 카메라도 관세음보살을 뜻하는 일본어 '칸논'에서 따온 이름이다. 사찰에서 보았던 탱화나 불상의 모든 근원이 여기에 있다는 것을 보고 황홀했다.

가이드가 불교 석굴이 끝나고 난 이후 석굴은 힌두교와 자이나 석굴이라고 하자, 율은 부처님 조각상을 다시 보겠다며 되돌아갔다.

그와 헤어지고 나는 힌두교 석굴 안으로 들어갔다. 힌두교 신전은 불교 사원보다 더욱더 화려하고 조각은 섬세했다. 바위 안 골목 밖에서 코끼리상과 오벨리스크 상을 보았고 사자상도 보았다. 수백 년 긴 세월에 걸쳐 오로지 둔탁한 망치와 뾰족한 정으로 바위를 깎으며 이 화려한 신전을 만들었다는 것이 믿기지 않았다.

들어보니 여기가 카일라스 힌두 신전으로 바위산을 깎아 만든 조각 중전 세계에서 가장 크다고 했다. 석굴 앞에는 시바 신이 타고 다녔다는 소난디의 조각이 세워져 있었고, 안에는 시바의 링감과 많은 조각상이 들어서 있었다. 입구에서 보았던 검은 옷을 입은 힌두교 순례자들과 다시 마주쳤다. 그들은 동굴 입구에서 옷을 털며 경건한 눈빛으로 조각상을 찬미하며 바라보았다. 저절로 한숨이 나왔다. 석가모니가 태어나신 땅에서 불교는 허무하게 잊히고 다시 힌두교가 자리 잡은 것을 보니 마음이 착잡했다.

행여나 살생할까
입도 벌리지 마라

마하비라가 깨달음을 얻은 카일라스를 형상화한 신전

힌두교 사원이 끝나고 자이나교 사원이 시작되었다. 이 또한 지나가는 믿음인가 싶었다. 아무리 수백 년 세월이라 해도 믿음이 사라지면 고작 찰나의 기억일 뿐이다.

엘로라 석굴 마지막 자이나교 석굴은 앞의 불교나 힌두교보다 더 정교한 조각이 많았다. 자이나교를 믿는 사람들은 부유한 상인이라서 많은 기부금을 받아 갖가지 성물을 세련되게 조각할 수 있었다. 특히 자이나교 창시자 마하비라의 조각은 매우 인상적이었다. 무소유 계율에 따라 옷을 입지 않은 나체상의 모습이었다.

마하비라는 석가모니와 비슷한 생애를 사셨다. 두 분 다 기원전 6세기 비하르 지방의 크샤트리아 계급 왕자였고, 결혼 후 처자식을 버리고 사문이 되어 고행과 명상을 통하여 깨달음을 얻었다. 불살생과 비폭력을 중시하는 교리도 같지만, 석가모니는 중도를 바탕으로 깨우침에 이르는 길을 말씀하셨고, 마하비라는 철저한 고행으로 열반에 이르려고 했다.

자이나교는 특히 불살생이 중요한 계율이었다. 불교의 불살생보다 매우 엄격하여 해충을 죽이는 것뿐만 아니라 작은 생물도 죽이지 않도록 항상 수건으로 입을 가리며 지냈다. 물도 천으로 여과해 미생물조차 먹지 않으려 하고, 걸을 때 행여나 벌레를 밟을까 항상 빗자루로 길을 조심스럽게 쓸면서 다녔다. 목욕도 몸에 붙은 미생물들이 죽을까 봐 잘 씻지도 않는다. 그런 극단적인 고행으로 업에서 벗어난 영혼은 매우 가벼워 우주 높은 곳까지 이르러 더 멀리 내다볼 수 있고, 마침내 니르바나 세계에 도달할 수 있다고 봤다. 업으로부터 가벼워진 영혼은 완전히 깨달은 자라는 뜻의 '지나'로 불린다. 때론 이런 깨달음을 갈구하는 사람 중 식물도 생명이 있다 하여

행여나 살생할까
입도 벌리지 마라

단식하여 굶어 죽기까지 한다.

　부처님은 자이나교가 무소유라면서 나체로 돌아다니고, 불살생이라며 미생물까지 마음 쓰는 것을 중도를 잃은 극단적인 행위로 보셨다. 진리에 대한 추구는 고행만으로 이룰 수 없다고 거듭 말씀하셨다.

　석굴 위로 올라오니 드넓은 데칸고원의 풍경이 펼쳐졌다. 데칸고원은 인도에서 가장 넓은 고원으로 현무암 용암지대가 수만 년 동안 풍화작용을 거쳐 지금의 지형을 만들었다. 그 메마르고 광활한 풍경에 잠시 우두커니 서 있었다. 문득 엘로라 석굴 사원이 아무리 수백 년의 세월을 거쳐서 인간의 노력이 있다고 하지만, 언덕 위에서 바라본 저 광활한 들판과 구릉지를 보면 인간의 불가사의한 석굴은 한낱 개미굴에 지나지 않았다. 엘로라 석굴 사원의 섬세한 조각들을 훑어보면서 느꼈던 경외감보다 오히려 데칸고원의 황량한 풍광을 보는 것에 더 큰 감정의 동요를 느꼈다. 신의 축복과 환희는 그 자연 속에 있었다. 천년 세월 인간의 부단한 노력은 한낱 덧없는 꿈이고 고통일 뿐이었다.

▶ 자이나교 석굴 앞에서 만난 염소

문득 내 옆을 내려다보니 어느 염소가 태연히 앉아 있었다. 바위 한 틈으로 피어난 풀을 잔뜩 씹고 입을 씰룩이며 되새김질하고 있었다. 혓바닥을 입에서 굴리는 모습이 마치 내게 말을 건네는 것 같았다.

'나는 전생에 이미 도를 닦은 구루였느니라.'
'염소 주제에 무슨 도를 닦았다는 것이냐?'
'네놈은 내 현상에 집착하는구나.'

염소는 쭉 뻗은 다리를 움직이지도 않으며 미동도 하지 않았다. 다만 수염 달린 입만 여전히 놀리며 풀을 되씹고 있었다. 침이 턱주가리 밑으로 흘러내렸다.

'무슨 뜻인가? 도를 닦았다면 어찌 짐승의 몸으로 태어났는가?'
'윤회의 굴레에서 벗어나기 위함이다.'
'고작 축생으로 태어난 주제에 무슨 소리냐. 인간보다 천한 짐승으로 태어나서 무슨 성불을 말하는가?'
'천신이 되겠다는 것도 아집이다. 단계를 밟아 올라가면 그 무엇을 발밑에 두려는 것이냐? 그것도 경계해야 할 마음이다.'
'정녕 부처가 될 생각이 없단 말인가?'
'이생에서는 축생이지만 다음 생에는 벌레가 될 것이고, 다음에는 흙이 될 것이고, 마침내 이 세상에는 오지 않을 것이다. 그럼으로써 나는 다 된 것이다.'

행여나 살생할까
입두 벌리지 마라

소귀에 경 읽기라고 하던데 지금은 거꾸로 염소가 나의 어리석음에 지쳤는지 '음매' 하며 내 곁을 떠나지 않았다.

▼
자이나교 신전(라자스탄)

04

신이라 해도 잊으면 사라지는 것

신 오딘은 세상과 인간을 창조하였으나
이제 한낱 척박한 자연의 산물로서
전쟁을 좋아하는 신화 속 주인공이 되었다.

북유럽 신화 오딘

　　해 질 무렵, 아우랑가바드에 자리 잡은 유스호스텔에 도
착했다. 체크인하기 위해 건물 안으로 들어갔다 밖으로 나오니 거리에서
율이 어떤 한국인과 이야기를 나누고 있었다. 그동안 외국인들만 만나서
과묵한 사람이 되었건만, 한국인을 만나 마음껏 자신의 의사를 소통한다는
것에 즐거워하는 것 같았다. 아우랑가바드에서 처음 보는 한국인이라 반가
운 마음에 악수하고 통성명하다 보니 학교 동문 선배였다. 동아리 활동으
로 학생회관에서 종종 마주쳤을 법도 했다. 반가운 마음에 인사를 다시 하
니 선배가 우리 둘이 학교 동기냐고 묻고 아니라는 대답에 다시 우리 관계
에 관하여 물었다. 대답하기 전 좀 뜸들이다가 율이 내 군대 고참이라고 했
다. 그 말에 선배는 침묵했다. 그리고 땀으로 흘러내린 안경을 고쳐 쓰며 나
지막하게 물었다. 눈을 작게 뜬 것이 의심쩍다는 표정이었다.

　　"군대 고참이랑 같이 여행을 한다고?"

　　그에게 태평한 표정을 짐짓 지으며 고개를 옆으로 까닥이며 사연을 이야

기해줬다. 율은 오랜만에 한국인을 만나서 그런지 유스호스텔 앞에서 선배와 오래 이야기를 나누었다. 선배는 인도 동쪽에서 서쪽으로 가는 중이고 다음에는 남쪽 고아로 간다고 하며 지도를 펼쳐 보였다. 위쪽으로 히말라야산맥이 있고, 그 밑으로 인더스강과 갠지스강이 이루는 넓은 평야 지대가 보였다. 거기서 더 아래가 여기 데칸고원이다. 역삼각형 인도 좌측에는 아라비아해가, 우측에는 벵골만의 바다와 아래로는 인도양이다.

"고아는 아름다운 해변이야. 거기서 여행 중 쌓인 피로도 풀면서 푹 쉴 거야. 오토바이도 타고."

▼
데칸고원 버스 여행

신이라 해도
일으며 바라기는 거

홀로 배낭여행을 즐기는 그가 내심 부럽기도 하여 성지순례에 대한 결연한 마음이 흔들리기도 했다. 믿음이 깊은 율은 절대자가 계신다는 증거를 찾아 떠난 순례자였지만, 믿음이 흔들린 나는 신의 자취를 찾아 떠난 여행자였기 때문이다.

선배와 헤어지고 우리는 도미토리 2인실에서 무거운 짐을 풀었다. 침대가 단출하게 있었고, 매트리스라고 부르기에는 민망한 얇은 이불이 깔려있었다. 출출한 터라 호텔레스토랑에서 탈리 볶음밥을 시켜 먹고 시원한 콜라도 한잔했다. 유스호스텔에는 가지각색의 옷을 입은 세계 각국의 젊은이들이 자기들끼리 다양한 언어로 대화하고 있었다. 모두 인도 사람처럼 도티를 입고 쪼리를 신었다. 그들 중 스웨덴에서 왔다는 여행자들과 일행이 되었다.

그들은 서양인들 일색인 유스호스텔에 우리가 단연 눈에 띄었다고 했다. 인도도 동양이건만 어떻게 동양에서 동양인이 신기하다며 말을 붙일 수 있단 말인지. 그는 호기심이 가득한 눈으로 우리가 어떻게 인도에 왔는지 물어보더니 되물었다.

"불교 신자들이야?"

우리 행색이 그들이 알던 불교 수도승 복장과 다르다며 의구심을 갖는 듯했다. 티베트 불교를 믿는 사람은 붉은색 가사를 걸치고, 동아시아의 불교라면 보통 잿빛이나 황색 승복을 입고 돌아다니는데 우리의 행색은 여느 젊은 여행자들처럼 평범했기 때문이다.

"그래. 그러면 너희들은 크리스천이니?"

그들의 의심 가득한 눈빛이 자못 불쾌해 대뜸 되물었지만, 그들은 무표정하게 고개를 저었다.

그들은 북유럽에서 교회가 거의 문을 닫았다고 했다. 아무리 역사가 깊은 교회라도 슈퍼마켓이나 술집으로 팔려나간다고 했다. 유러피언은 이제 과학을 신뢰하여 무신론자가 많다고 했다. 그 말을 들으니 자취를 감추어가는 자신들의 기독교 문화에 대하여 애련함을 갖는 것인지 아니면 서양의 합리적인 사고방식을 뽐내려고 하는 것인지 헷갈렸다. 그중에 수염을 기른 여행자가 궁금하다는 듯 눈을 크게 뜨고 우리에게 물었다.

"그런데, 너희들이 불교 신자라니까 묻고 싶은데. 사람이 죽으면 정말 다시 동물이나 사람으로 태어나?"

예수님이 돌아가신 후 사흘 만에 부활했다는 이야기를 믿지 않는다면, 사람이 죽으면 다시 동물이나 사람으로 태어난다는 이야기는 더욱더 믿지 못할 것이다. 나는 윤회가 연기론의 원인과 결과에 대한 방편이라고 이야기하려 했으나, 그것을 영어로 표현하려니 너무 어려워 그만두었다. 사실 나도 궁금했다. 불교 신자라면 윤회를 받아들여야 하지만, 부처님 앞에서 삼배하면서도 의심을 거둘 수 없었다. 그렇다고 윤회를 철석같이 믿는 율에게 물어볼 수도 없었다.

내가 곤란해하는 모습을 눈치챘는지 옆에서 한 친구가 그 백인 팔을 툭

쳤다. 불교 순례자에게 예의 없는 질문이라는 질책 같았다. 그는 움찔거리며 털이 복슬복슬한 팔뚝을 치웠다. 대신 화제를 돌리며 말했다.

> "유럽에서 기독교 믿는 사람은 이제 별로 없어. 한국에는 불교 신자가 많은가 보구나."

> "우리나라에는 기독교, 불교, 천주교 신자가 많아. 물론 무신론자도 많고. 공자를 믿는 사람도 있다."

그는 고개를 끄덕이며 인도처럼 종교가 많으냐고 물었지만, 나는 고개를 저었다. 내가 말하고 싶은 건 우리나라에 많은 종교가 있지만, 자신의 종교만을 내세우며 갈등을 일으키지 않고 서로 존중해주는 사회라는 점이었다. 의도와 다르게 그가 인도처럼 다신교 사회냐고 물어서 언짢은 듯 고개만 저었다.

> "우리도 옛날에는 오딘이라는 최고의 신을 믿었지. 그거 알아? 오딘이 붓다보다 더 유명한 거?"

오딘이 어떻게 부처님보다 더 유명하다는 것인지 당최 이해할 수 없어 모르겠다고 했다. 유럽의 오딘은 제우스처럼 종교가 되지 못한 한낱 신화에 불과했기 때문이다.

> "봐라! 혹시 수요일(Wednesday) 어원을 아니? 바로 세계를 지배한

신 오딘(Odin)이다. 그의 아들 토르(Thor)는 목요일(Thursday)이
고, 그렇다고 우리는 오딘의 조각상을 만들고 절을 하진 않는다."

음울한 신이 태어난 탄드라 환경

그들은 자기들이 바이킹 후손이라고 말하면서도 북유럽의 신이란 음산
한 날씨와 사나운 바다를 대하던 조상들의 판타지일 뿐이라고 했다. 호전
적인 바이킹이니만큼 전사들을 수호하는 전쟁의 신이 세계를 창조했고, 창
과 망치가 신의 성물이라고 했다. 북유럽 신들이 전쟁을 자주 일으키고 음
울한 캐릭터를 가질 수밖에 없는 것이 아무래도 북유럽의 자연 탓일 거다.
춥고 험악한 산과 계곡으로 둘러싸여 살다 보면 신이라 해도 염세적인 생

신이라 해도
잊으면 사라지는 것

각을 가질 수밖에 없었다.

반면에 따뜻하고 풍요로운 지중해의 그리스 신들은 풍족하고 자애롭기까지 했다. 마찬가지로 인도 땅에 들어선 아리아 민족은 인도 자연의 웅장함에 감탄했고, 숲속의 나무와 온갖 신기한 동물들과 드높은 하늘을 찬양하며 이를 시로 지어 노래했다.

▼
많은 신이 태어난 데칸고원

이것이 베다 경전이고 이것에 철학을 깃들인 것이 우파니샤드이며, 이를 근간으로 종교적인 형태를 이룬 것이 브라만교이다. 브라만교는 인도 원주민 토착 신앙과 만나서 힌두교가 되었다. 우리나라도 사계절이 뚜렷하여 초록의 여름은 황량한 겨울이 되고 다시 싹이 돋아 푸르며, 경작한 곡식은 땅에서 풍성하다가 거두어져 다시 땅에 들어간다. 영혼이 동물이나 사람으로 거듭 태어나 윤회를 할 수 있다는 것은 받아들이기 그리 어렵지 않았다.

수염이 있는 북유럽 친구가 다시 말했다.

"힌두교는 인도 원주민이 믿던 종교가 아니었잖아. 아리아인들이 침략하면서 만든 종교였지."

옆에서 율은 간간이 내가 통역해주는 이야기를 듣고는 한마디 끼어들려 했지만, 이내 나처럼 입을 다물었다. 율은 언어의 형식에서, 나는 언어의 내용에서 빈약했다. 그들은 거침없이 말을 이어갔다.

"아리아인들이 인도 땅에 가져온 힌두교도 처음에는 순수하게 자연과 신을 찬양하는 종교였을 거야. 그러다가 자기 지배계급의 이익을 위한 종교로 변했지."
"지배계급인 브라만은 아리아인들이 차지하고, 원주민은 수드라 노예계급이 되었다. 이런 신분 제도에 반발하여 힌두교에서 갈라져 나온 것이 불교랑 자이나교 아니냐? 붓다나 마하비라 같은 크샤트리아 계급이 브라만 계급에 반대하여 반란을 일으킨 셈이지."

신이라 해도
잊으면 사라지는 것

힌두교에 대하여 폄훼하는 그들 대화에 일면 수긍도 하여 고개를 끄덕이다가, 갑자기 불교와 힌두교를 하나로 싸잡아 묶자 당황했다. 율은 내가 통역해준 그들의 이야기에 매우 분개했다. 그들이 '싯다르타도 깨닫기 이전에는 힌두교도였으며, 불교가 자이나교와 같고 모두 힌두교 이단이다'라고 말했기 때문이다.

무너진 파우스티나 신전(포로 로마노)

05

사람이 아무도 없구나

아! 잔타!

불교예술의 금자탑 아잔타 석굴 사원은
총 29개의 석굴로 구성되어 있으며
불교를 넘어 인류문명의 독보적인 작품이다.

아잔타 불교 석굴

버스는 아우랑가바드 시내를 벗어나 북동쪽으로 질주했다. 버스에서 바라보는 데칸고원은 건조한 자연 풍광을 가득히 담고 있었다. 시원한 그늘을 만들어 주는 교목은 없고, 키 작은 잡목만이 듬성듬성 자라나 있었다. 버스 안에는 여러 행색의 사람들이 좌석에 앉았으며, 이른 아침이라 그런지 붐비지 않았다. 아잔타 석굴로 가는 듯 관광객도 여러 명 보였지만, 다들 창밖 이국적인 고원의 풍경을 바라보기만 했다.

율과 나는 교과서에서나 보았던 아잔타 석굴을 직접 본다는 것에 기대를 많이 했다. 기원전 2세기부터 기원후 7세기까지 무려 800여 년에 걸쳐 아잔타 석굴이 만들어졌으니, 엘로라 석굴보다 600년이 앞섰다. 아잔타 석굴부터 엘로라 초기 석굴 조성 시기까지 인도에 불교가 번영하여 예술로써 표현된 셈이었다. 데칸고원에 힌두교가 다시 번성하면서 불교는 자연스럽게 쇠퇴하였고 결국 아잔타 석굴은 모두에게 잊혔다. 그렇게 나무와 덩굴에 감춰진 아잔타 석굴은 천 년간 숨어 있다가 기적처럼 다시 깨어났다. 1819년 영국인 존 스미스가 데칸고원에서 호랑이 사냥을 하다가 석굴을 우연히 발견한 것이다.

버스는 반달 모양의 강을 끼고 모여 있는 석굴까지 다다랐다. 산 능선 따라 연한 초록의 잡목이 자라나 있고 그 아래에 검은 현무암 바위가 기다랗게 드러난 것이 보였다. 흙빛 바위 아래에는 옥수수 알갱이 이 빠진 듯한 전경이 한눈에 보였다. 영국인이 호랑이를 쫓으며 이 고원까지 왔다가, 거대한 바위 절벽을 보고 얼마나 기이하게 생각했을까 싶었다. 더구나 사람이 살지 않는 굴은 온갖 짐승들의 보금자리였다. 불심으로 가득한 여러 불상과 벽화에 들짐승의 털과 분뇨가 가득 차 있었을 터이니, 9세기까지 마지막 남은 승려는 어떤 심정으로 이 아잔타 석굴을 밀림 속에 내버려 두었을까? 부처님 열반하시고 승가도 해체되고 남은 가르침도 깨달음도 결국 無로 돌아간다고 느꼈을까?

와고라강과 아잔타 석굴
▲

사람이 아무도 없구나
아! 자타!

아잔타 석굴 앞 주차장은 황량하여 사람도 별로 없었다. 버스에서 내리는 사람마다 걸인들이 몰려들어 박시시를 외쳤다.

아잔타 석굴 입구 위로 올라오니 석굴은 바위에 깎은 길 따라 테라스 구조로 서로 연결되어 있었다. 바위 바깥으로 어두운색을 띠는 절벽이었고 그 앞으로 와고라강이 흘렀다. 날이 건조해서인지 강이라기보다는 바닥이 듬성듬성 드러나는 건천 같았으나, 물이 꽤 흘렀음인지 크고 짙푸른 나무가 계곡 아래 우거져 있었다. 돌로 깎아 만든 난간에 잠시 걸터앉았다. 절벽 밑까지 기어 올라온 넝쿨과 무성한 잎사귀가 달린 나뭇가지를 보며 상념에 젖어 들었다. 율도 옆에서 조용한 목소리로 말했다.

"우리가 드디어 아잔타 석굴에 와서 부처님을 뵙는구나!"

나는 동감이라고 고개를 끄덕이며, 중얼거리듯 말했다.

"구업이 참 무섭다. 예전 백골사에서 인도에 가겠다고 말했지만, 진심으로 말하지 않았지. 그런데 그 말 한마디 때문에 아잔타 석굴까지 와보네."
"우리가 인도에서 부처님을 뵙겠다고 서원을 한 순간부터 부처님은 여기 아잔타 석굴에서 우리를 기다렸을 거다."

율이 진심으로 말하는 것인지 아니면 믿음이 넘쳐 문학적으로 표현한 것인지 몰랐다. 그가 감정에 북받쳐서 나를 부둥켜안고 울 것 같아 서둘러 일어났다.

우리는 1번이라 쓰인 석굴부터 들어갔다. 신라 시대 경주 석굴암과 같은 인상의 본존상이 결가부좌를 한 채 앉아 계셨다. 좌우 기둥은 이집트풍으로 장식되어 우리의 본존상과는 다소 차이가 있지만, 엄숙함과 다소 푸근한 인상은 비슷했다. 아잔타 석굴은 자연 빛을 이용했기 때문에 석굴 안은 상당히 어두웠으나, 한 가닥 햇살이 석굴 안으로 들어와 불상을 비추었다. 그러자 광명이 퍼지는 듯 본존불이 온화한 미소를 지었다.

▼
아잔타 석굴 테라스

사람이 아무도 없구나
아! 잔타!

율은 황홀해하며 카메라를 들고 연신 보살과 부처님 조각상이 나오면 사진을 찍기 바빴다. 그리고는 공손하게 합장을 했다. 어떨 때는 순서를 바꿔서 합장을 공손하게 먼저 하고, 그다음 여러 각도에서 연신 셔터를 누르기 바빴다. 그는 조용히 서원하듯 말했다.

"나는 앞서간 스님의 길을 따라 걸어갈 것이며, 마침내 도를 얻을 것이다."

율은 부지런히 셔터를 누르며 아잔타 석굴에서 불상의 조각에 흠뻑 빠져들었다. 그는 모태신앙으로 한 치의 의심도 없이 이 위대한 불사에 감동했다. 나 또한 멀리서 찾아온 만큼 감동이 밀려왔지만, 그 감정은 다소 쓸쓸한 여운이 뒤섞였다. 아잔타 석굴 또한 사라져 버린 문명 중 하나였기 때문이었다. 물론 불교는 아시아 여러 나라로 전파되었지만, 정작 인도에서는 잔폐된 유적만 남기고 사라져버렸다.

석굴 하나하나 들러보니 제19 굴이라는 곳에서 온전한 모습의 본당이 나타났다. 중앙에 계신 본존불을 좌우로 감싸는 회랑 기둥마다 정교한 조각이 새겨져 있었다. 율은 구도자의 자세로 경건하게 옷차림을 여미었다. 석불과 석탑의 장엄함에 감탄하며 경이로워했고, 벽화 하나하나 대면할 때마다 합장했다. 데칸고원의 거대한 바위산을 사람이 정과 망치로 쪼아 거대한 사원을 만들어냈다는 것은 오로지 부처님의 위대한 가피력 덕분이라고 생각하는 것만 같았다. 그에 반해 나는 바위산을 뚫고 깎았던 인간의 무한

한 노동력에 대하여 놀라워했다. 그들은 밤낮 가리지 않고 돌을 쪼고 쪼아도 살아생전 성전이 완성된 모습을 볼 수 없었다. 그런데도 그들은 수백 년 동안 세대를 이어 돌을 쪼고 쪼아서 드디어 신전을 만들어냈다. 시간을 초월한 인간의 힘은 무한했다.

그와 더불어 석굴 중앙에서 부처님상을 보았다. 가부좌를 튼 부처님 인상은 경건하였건만, 손목이 떨어져 나가 팔이 허공에 있었다. 율에게 잘려 나간 부처님 손은 어떤 모양이었을까 조심스럽게 물어봤다.

율은 항마촉지인이라고 말하며, 부처님께서 보리수 아래에서 깨우침을 얻을 때 마왕의 항복을 받는 수인이라 말했다. 율은 손을 모아 부처님께 합장하며 조심스럽게 셔터를 눌렀다.

아잔타 석굴 본존불

"부처님은 진리를 깨달으신 성인이시고, 인간의 욕망과 무지를 이겨내 '대웅'이라 불리시지. 절에서 부처님 모신 건물을 대웅전이라고 하잖아. 대웅전에 앉아계신 부처님이 저런 수인을 하신다."

"원래 대웅이라는 말은 산스크리트어로 마하비라야. 자이나교 창시자와 이름이 같아. 자신의 욕망을 이겨낸 큰 영웅이란 뜻이지."

비밀스러운 진언을 말하듯 조용히 읊조리는 그에게 나는 딴죽 걸듯 이야기했다.

"싯다르타란 뜻이 자신의 소원을 이루게 하는 사람이래. 아버지가 이름을 지으며 훌륭한 왕이 되어달라고 빌었지만, 싯다르타는 왕궁을 버렸잖아! 역설적이지? 일부러 싯다르타라고 지었는데 결국 싯다르타가 아니었어."

옆에서 조각을 하나하나 감명 깊게 보던 율이 무미건조한 목소리로 왜 부처님을 싯다르타라고 부르냐며 정색하며 내게 물었다.

율의 말투는 조용하면서 매우 딱딱했다. 그는 수건을 꺼내 카메라 렌즈를 닦고 안경도 마저 벗어 닦았다. 그가 본존불에 대한 경외감을 걷어내고 돌변하며 차갑게 굳어버린 표정을 짓자 나는 당황했다.

"아니, 싯다르타는 부처님께서 출가하시기 전 이름이잖아. 이름 부르는 건 교회도 마찬가지야. 그리스도 대신 예수님이라고 불러."

"그렇다고 네가 싯다르타 님이라고 부르진 않잖아! 광명대해 만인을 위한 부처님을 친구 이름 부르듯 싯다르타라고 하다니."

그가 아잔타 석굴에서 뿜어져 나오는 영적 기운에 너무 도취했는지, 내가 가볍게 내뱉은 말조차 부처님을 조롱한다고 못마땅해했다.

"부처님을 진심으로 믿고 의지해야 해. 괜히 불교를 철학이니 뭐니 하는 것은 머리로만 아는 척할 뿐 올바른 불교 신행이 아니야."

내가 행여나 그에게 맹목적으로 부처님께 매달려 복을 비는 것에 대하여 안 좋게 말한 적이 있었는지 옛일들을 떠올렸다. 군종병들이 우란분절 백일기도 법회로 분주할 때 '죽은 사람을 지옥에서 구원할 수 있다면, 불교의 업보는 다 어긋나는 이야기지 않느냐'고 볼멘소리한 것뿐이었다. 신성한 석굴에서 그와 언짢은 말을 나누는 것이 답답했다. 속으로 위대한 아잔타 석굴은 너 혼자서 독차지하라고 혼잣말하며 그를 굴속에 놔두고 먼저 걸어 나왔다.

미로를 걷듯 석굴 곳곳을 살펴볼 때, 안쪽 어둡고 텅 빈 곳에서 탁! 탁! 둔탁한 소리가 들렸다. 목탁 소리와 달리, 쇠와 쇠가 맞부딪치고 돌이 쪼개지는 소리였다. 무슨 소리인가 호기심에 굴 안쪽 소리가 나는 곳을 따라갔다. 그러자 하얀 옷을 입은 노인이 양반다리로 앉아 석굴 기둥을 정으로 쪼고 있었다. 쇳소리는 망치로 정을 내리칠 때마다 쩡쩡하며 나는 소리였다. 그럴 때마다 석굴 바닥으로 돌이 쪼개지며 떨어졌다. 그를 유심히 살펴보

사람이 아무도 없구나
아! 자타!

다가 무슨 작업을 하나 의아해하며 물어봤다.

"문화재를 관리하시나요? 그런데, 기둥을 이렇게 깎아도 돼요?"

그는 머쓱했던지 사진 찍으라며 포즈를 취하고 빈 깡통을 내밀었다. 그 모습에 난 몹시 놀라 황급히 자리를 벗어났다. 그는 기부를 받아낼 심상으로 석굴을 조성하는 퍼포먼스를 하고 있었다. 행여나 누구라도 그에게 기부한다면, 그는 신나서 더욱 열심히 아잔타 석굴을 밑기둥부터 쪼아 끝내 무너뜨리고 말 것이다.

아잔타 석굴 돌기둥을 쪼는 석공
▲

답답한 마음에 석굴에서 나와 홀로 산기슭 길 따라 산 위에 올랐다. 발아
래 계곡 따라 펼쳐진 석굴이 반원형 능선으로 이어진 것이 보였다. 바위산
표면은 회색빛을 띠며 나무는 드문드문 보였다. 언덕 위에서 멀리 내려다
보니 망망한 데칸고원이 끝없이 펼쳐져 있었다. 과거 번창했던 아잔타 불
교 성지로서의 면모는 이 굴속 말고는 어디서든 엿볼 수 없었다. 천 년 전
삼장법사나 혜초 스님이 아잔타 석굴에 들러서 그 웅장함에 넋을 잃었다.
지금은 황폐한 동굴의 박제화된 관광 상품일 뿐이다.

부처님의 말씀을 흔히 금강이라 하여 가장 강한 광물질인 금강석처럼 부
서지거나 흩어지지 않는 영원한 진리를 말하건만, 이 또한 모래처럼 허망
하게 부서지는 것인가? 모두 꿈과 같고 환상과 같고 물거품과 같고 그림자
같으며 이슬과 같고 번개와도 같다면 무엇을 의지해야 하는가?

▼
아잔타 석굴 연화수보살 벽화

아잔타 석굴 위로 데칸고원을 회
한에 가득 차서 바라보았다. 이 광
활한 땅에 사람의 흔적은 보이지 않
았다. 황량한 밀림은 더욱 적막했고,
아잔타 석굴은 찾는 사람이 드물었
다. 근처 사람의 흔적이 전혀 없어서
힌디어로 '없다'라는 뜻을 가진 아
(A)와 '사람'이라는 뜻의 잔타(janta)
가 합쳐져 '사람이 없는 곳'이라는
아잔타라는 이름을 갖게 된 연유를
알겠다. 돌 한 조각 한 조각 새긴 석

사람이 아무도 없구나
아! 잔타!

공들과 불심으로 기도와 수련을 하던 사람들로 복잡하고 번영했던 아잔타 석굴도 결국은 '아무도 없다'라는 이름을 갖게 되었으니, 불교에서 가르치는 공수래공수거를 종교 스스로 실천하고 말았다.

06

짐승도 지켜야 하는 안식일

모세가 받은 십계명 중 안식일을 지키는 것은
하나님의 천지창조를 믿는다는 증표로 여겨
유대인은 모든 일을 멈추고 엄숙하게 지킨다.

유대교 안식일

어스름한 저녁 무렵, 유럽풍으로 치장된 기차 역사에 들어섰다. 건물 크기는 매우 웅장하였으며, 중앙 시계탑과 지붕 뾰족뾰족한 장식은 섬세하고 기교가 넘쳤다. 짐 보관소에서 배낭을 찾고 대합실에 앉아 있었다. 역은 오가는 사람들이 헤아릴 수 없이 많아 혼잡했다. 역사 안은 밤길을 떠나는 인파들로 가득했으며, 그 많은 사람 사이로 소 떼가 아랑곳하지 않고, 한가로이 어슬렁거리고 다녔다. 그 뒤로 몇 마리의 개들이 무슨 연유인지 소들을 시종처럼 쫓아다녔다. 느릿느릿 걷는 소마저 없었으면 역사와 광장은 아수라장을 연상했을 터였다.

기차를 제대로 탈 수 있을지 연거푸 플랫폼 번호를 확인하며, 혹시라도 누가 배낭을 낚아채 갈까 봐 끈을 움켜쥐고 앉았다. 혼잡한 역사에서 긴장한 우리와 달리 옆자리 여행자들은 서로 장난치며 여유롭게 있었다. 그리곤 그들이 말을 먼저 건네며 일본인이냐고 물어왔다. 귀여운 표정으로 활짝 웃는 얼굴에는 주근깨가 가득했다. 한국인이라고 했더니 비슷하게 생겨서 잘 모르겠다는 몸짓을 보였다.

아시아 여행자라고 하면 모두 일본사람이라고 보는 것에 비위가 상하여

일부러 그들 국적을 미국인으로 넘겨짚었다. 그들이 아니라는 듯 고개를
젓자 나는 심드렁하게 대꾸했다.

"그러니? 난 너희들이 미국인인 줄 알았어."
"하하. 아시아 사람들은 노랑머리면 다 미국인이라고 하더라."

그녀들은 손뼉 치고 웃으며 말했다. 그리고 이스라엘에서 왔다고 하며,
군 복무 마치고 인도 여행 중이라고 했다. 우리도 군 복무 마치고 성지순례
중이라 하니 서로 반가워하며 악수를 했다. 노랑머리를 양파처럼 묶은 여
자가 말을 이어갔다.

"우리는 라자스탄으로 가는데, 너희들은 어디로 가니?"
"산치. 거기서 불교 유적지를 볼 거야."
"고아는 갔다 오고서 가는 거야?"

서로 모국어가 아닌 영어를 사용하다 보니 어색한 억양이었지만, 대화에
는 큰 무리가 없었다. 하지만 '고아'란 단어가 매우 낯설게 느껴져서 지명임
을 깨닫는 데 시간이 걸렸다. 우리가 고아란 곳을 모른다는 걸 알고 그녀가
놀란 표정을 지었다. 사실 여행 준비할 틈이 별로 없었고, 우리의 여행 목적
이 분명했기에 성지순례 이외의 도시는 알아보지 않았다.

"우리는 싯다르타의 발자취를 따라가는 거야. 볼 것이 많다고 하

짐승도 지켜야
하는 안식일

여도 다 유혹일 뿐이지."

"아잔타를 봤다면 다시 뭄바이로 돌아가. 그리고 고아 안주나 비치로 내려가. 그 정도 시간은 있잖아?"

그녀들은 자기들끼리 쳐다보며 입을 맞춘 듯 절대적으로 가야 한다는 말을 번갈아 가며 말했다. 그들은 웃으면서 자기들도 하나님의 군대에서 복무했지만, 이슬람과 힌두 유적지를 보러 다녔고, 아름다운 곳도 들러 재미있게 즐겼다고 했다. 젊은 시절을 군대에서 보낸 우리는 그렇게 즐길 권리가 충분히 있다고 했다. 일정을 바꾸는 것은 무리였지만, 그들이 열정적으로 설명하는 안주나 비치가 그렇게 좋았는지 호기심에 물어보았다.

"바닷가 근처에 있다면, 해변 따라 걸을 수 있겠네."

"그냥 비치가 아니야. 초록색 야자나무 잎사귀 아래에서 모래를 밟을 수 있다고. 정말 아름다운 곳이지."

"바다는 수영을 할 수 있을 정도로 깨끗한가?"

"정말 투명한 아라비아해에서 수영할 수 있지. 아름다운 곳이야."

그들은 내 짧은 질문에 화려한 형용사를 덧붙여 강조했다.

언어가 고도화되면 자기 생각과 사상을 깊이 있게 표현할 수 있다. 만약 단순한 어휘만 알고 있는 처지라면 사고는 깊어질 수 없더라도 대신 자신의 느낌과 감정이 솔직하게 표현된다. 그림 그리듯 상상력을 발휘하여 상대방의 언어를 해석하니 이해하기 쉬워진다. 아이들이 순수한 것은 어른들

처럼 자기 생각을 영악하게 감출 수 있는 복잡한 언어를 알지 못하고 꾸밈
없이 말하기 때문이다. 대신 전달력은 더 강했다. 왁자지껄한 기차역에서
그들과 대화하며 고아란 곳을 꿈꾸게 했다.

>"나는 별이 좋아. 반짝반짝하잖아."
>"달은? 별보다 많이 반짝이잖아?"
>"달은 수줍어해."
>"어두운 곳에서 살아서?"
>"많이 웃지 않잖아. 수줍어하며 빛나지."

아이들이 하는 표현을 따라 하게 되니 새삼스럽게 동심으로 돌아갔다. 어
른이 아이처럼 산다는 것은 어쩌면 니체가 말한 초인의 삶일 수 있겠다 싶
었다. 마음 가는 대로 행동해도 아무런 장애도 없고 걸림이 없는 것. 궁극적
으로 무애의 삶을 살 수 있는 것이 석가모니께서도 말씀하신 것이 아닌가!
　율은 아우랑가바드 다음 행선지가 산치냐고 확인차 내게 물었다. 산치는
부처님 사리가 보관된 불교 유적지로 누군가 석탑 으뜸은 산치 불탑이고,
석굴 으뜸은 아잔타 석굴이라고 했다. 산치로 가기 위해서는 보팔을 거쳐
가야 한다.
　율의 물음에 잠시 머뭇거리다가 기차역에 들렀으나 보팔로 가는 열차를
미처 예매하지 못했다고 말했다. 실망하는 그를 보며 잠시 뜸을 들이다가
여기서 하루 더 머무르는 대신 여행자들이 말하는 고아로 떠나는 게 어떠
냐고 말했다. 율이 어떤 곳이냐고 묻길래 지도를 펼쳐 보였다. 그는 짐짓 놀

짐승도 지켜야
하는 마쉬위

란 표정을 지으며 뭄바이로 다시 돌아가느냐고 되물었다. 나는 어차피 여기서 하루 더 묵을 바에는 차라리 밤기차로 다녀오자며 여행자 모두 고아를 다녀왔다고 설득했다. 율은 갑작스러운 제안에 곰곰이 생각하는 듯했다.

"그래도 왔던 길을 되돌아가기는 좀 힘들지 않아? 올 때 하도 오래 걸려 고생했잖아."

"그러니까 말이야. 나중에 델리까지 가서 되돌아가려면 더 고생한다. 혜초 스님도 아잔타 석굴까지 막상 오시게 되니까 가보아야 할 곳이 많은 것을 알고 결국에는 예정에도 없던 서쪽까지 가셨잖아. 우리도 혜초 스님의 순례 길을 따라 서쪽으로 가는 거야."

▼
순례자는 쉴 곳과 씻을 곳이 따로 정해져 있지 않다.

기차는 뭄바이에서 아우랑가바드역까지 왔던 순서 반대로 달려갔다. 왔던 곳을 돌아가는 것이라 익숙함과 약간의 지루함이 있었다. 같은 칸에 탄 다른 사람들을 찬찬히 살펴보았다. 다들 남루한 옷차림에 고단한 삶들이 엿보였다. 창밖 깜깜한 곳은 가로등이나 불빛이 전혀 보이지 않았고 기차는 쿵덕 하는 소리를 규칙적으로 내며 철로를 달렸다.

데칸고원의 황량함과 아잔타의 장엄하고 고요함에 젖어 있다가 뭄바이로 돌아오니 모든 곳이 소음과 매연으로 가득 찼다. 골목마다 울긋불긋한 광고판과 벽에는 알아볼 수 없는 힌디어 전단이 요란했고, 전신주마다 칡넝쿨 올라가듯 전선이 가득 감겨 있었다. 혼동과 오염으로 머리가 지끈거리고 어질할 지경이었다. 비좁은 도로에 비집고 들어서려는 자동차들의 번잡함과 그 와중에 느릿느릿 지나다니는 소들의 부조화가 혼란스러웠다. 사람들의 와자지껄한 소리도 제대로 들리지 않을 만큼 무척 피곤했다. 단지 푹 눕고 싶다는 생각만 간절했다. 몇 걸음 제대로 걷지 못하고 근처 바에 무작정 들어가 앉았다. 콜라 한잔을 주문하고 버스 스케줄을 확인했다. 뭄바이에서 고아로 가는 버스는 오후 2시에 출발하여 다음 날 새벽 6시에 도착한다는 이야기를 들었다.

긴 버스 여행 끝에 드디어 바스쿠 다가마에 도착했다. 몸이 탈진할 것 같았다. 밤새 탈탈거리는 버스 구석에 앉아 배낭을 끌어안고 조는 둥 마는 둥 달려왔더니 몸이 제대로 버티지 못한 것이다. 더구나 열대지방 따가운 햇볕은 머리를 어질하게 만들었다.

거리에는 신혼여행지에 있을 법한 야자수가 거리와 집마다 즐비했다. 하늘 높이 솟아 있는 야자수를 보니 마음이 저절로 설레고 몸은 다시 가벼워졌다.

지난밤 피곤함은 금세 사라지고 바닷물 속에 뛰어들고 싶은 마음이 간절했다. 우리는 오토릭샤를 타고 야자수가 가득한 밀림을 가로질러 눈부신 바닷가에 내렸다. 근처 제일 그럴듯한 숙소를 찾았다. 이름은 푸마 게스트하우스로 아라비안 해안을 앞두고 야자나무 그늘 밑에 있었다. 배낭을 방에 내던지고 아라비안 해의 드넓은 바다와 야자나무가 자라난 백사장을 거닐었다. 해변에는 하얀 백사장과 파란 바다를 배경으로 뛰어노는 여행자로 활기찼다.

▼
지상의 에덴동산 고아 안주나 비치

이스라엘 여행자들이 말한 것처럼 여기는 지상의 천국이었다. 북적대는 사람들과 디젤엔진의 매연으로 시끄럽고 탁했던 여느 도시들과는 전혀 다른 곳이었다. 고아 안주나 비치는 아라비안 해를 바라보고 펼쳐져 있다. 그림이나 영화에서 볼 수 있을 듯한 야자수 잎사귀가 아라비안 해를 건너온 바닷바람에 하늘거리는 소리를 내뿜었다. 햇살에 달아오른 모래는 파도의 하얀 거품에 반짝였다.

여러 나라에서 여행 온 사람들은 자유로운 옷차림으로 자신을 마음껏 꾸미며 모래를 밟았다. 나이 든 사람이나 젊은 사람, 여자나 남자 그런 구분 없이 모두 알록달록하게 머리칼을 염색하고 귓불이나 콧등에 화려한 장신구를 매달았다. 어디서나 맑은 하늘 밑으로 야자수 잎사귀는 흔들리고 있었다.

우리는 고아에 며칠이고 푹 눌러앉아 하루를 소일하며 지냈다. 매일 눈 뜨자마자 해변으로 달려갔다. 세수는 바닷물 속에 풍덩 빠져 물장구치는 것으로 대신했다. 물에서 나오면 흠뻑 젖은 채 모래를 온몸에 뒤집어쓰고 햇살을 즐겼다.

어느 날은 해변에서 자주 마주쳤던 송아지가 내게 어슬렁어슬렁 걸어오더니 아는 척했다. 그리고는 내 곁에 앉더니 아예 모래 위로 벌러덩 드러누웠다. 입은 되새김질하듯 씰룩였다.

'어제 너를 보았다. 잠시 네 곁에서 쉬려 한다.'
'짐승인 너도 해변에서 따사로운 햇볕을 쬐고 싶었나?'
'사람과 같이 슬픔도 기쁨도 느끼지. 축생으로서 해변을 한가로이 거닐며 자연을 예찬할 수 있다는 것에 신께 감사도 드린다.'

짐승도 지켜야
하는 안식일

해변에 가끔 소나 개, 염소들이 왔다 갔다 하고, 가끔 짐승들이 우두커니 서서 파도를 보곤 했다. 마치 자연을 감상하는 것처럼 보이긴 했지만, 설레는 마음이 감정이입 된 것으로 생각했다. 옆에서 한가로이 누워있는 송아지에게 조금씩 다리부터 모래를 덮어주었다. 커다란 눈을 끔벅이며 가만히 누워있었다. 마치 모래찜질을 해달라는 듯 목을 모래 위로 길게 늘어뜨렸다. 큰 몸집이라 조금씩 모래를 덮는 시간이 오래 걸렸다. 그래도 참을성 있게 송아지는 기다려 주었다. 마침내 송아지는 머리만 남긴 채로 모래에 온몸이 덮였다.

송아지는 만족한 듯 가만히 모래 속에서 눈을 감았다. 지나가던 관광객은 그 광경에 웃음을 짓고는 사진기 셔터를 연신 눌렀다. 이른 아침, 이곳 해변에는 많은 소나 개들이 먼저 바닷물 속에 물을 담갔다. 우리나라 같으면 부지깽이나 돌팔매를 맞겠지만, 누구 하나 그런 짐승들의 휴식을 간섭하지 않았다. 모든 뭍짐승은 바다에서 왔기 때문에 바다 앞에서는 숙연할 수밖에 없다. 문득 이스라엘 여행자의 충고대로 따른 것이 다행이라 생각했다. 파도, 바다, 바람, 야자수를 안 것은 그들 덕분이었다.

모래찜질을 즐기는 송아지와 율

    그들은 이스라엘 방위군을 하나님의 군대로 불렀다. 하나님이 이스라엘을 이집트에서 해방한 후 군대를 만들라고 명령했기 때문에 그렇다고 했다.

    유대인 율법은 모세의 십계명에서 왔으며 매우 엄격하게 지켜진다. 특히 안식일은 하나님의 창조를 기념하는 날로 모든 피조물은 일을 멈추고 휴식해야 했다. 사소한 활동이라도 금지했다. 짐승을 놀라게 하거나 만지는 사소한 것도 쭈드(Tzud)라 하여 금지했다. 어처구니없어 보이지만, 안식일을 지키지 않으면 하나님이 엿새 동안 천지창조한 사실을 인정하지 않는 불경함으로 여겨 반드시 사형에 처했다. 안식일을 지키는 율법은 하도 엄해서 유대인들은 전쟁터에서도 싸움을 멈추고 안식일을 가져야 했다. 예수님은 유대인들이 융통성 없게 안식일을 지키는 것을 비판하며 안식일이 사람을 위해 있는 것이지, 사람이 안식일을 위해 있는 것이 아니라고 하셨다. 하지

짐승도 지켜야
하는 안식일

만, 오히려 안식일에 환자를 고친 일로 하나님을 범했다고 재판장에 끌려가셨다.

가만 생각해보면 고대 노예사회에서 일주일에 하루, 자신들은 물론 노예나 여자, 그리고 소, 나귀 등 모든 짐승도 일을 멈추고 하루를 쉬게 하는 율법은 대단히 진보적이었다. 안식일을 지키지 않는다는 이유만으로 사람을 무자비하게 죽이는 것이 가혹하지만, 고대국가에서 그 정도 강제성이 있어야 일주일에 하루쯤 노예나 짐승들도 주인 눈치 볼 것 없이 노동에서 벗어날 수 있을 것이다. 우리나라도 조선 시대까지만 해도 노비는 이월 초하루 단 하루만 머슴날이라고 해서 고단한 노동에서 벗어나 쉴 수 있었다.

▼
유대인의 언약 모세의 십계명

07

민중의 아편 종교

마르크스는 종교란 착취 구조에서 발생하는
구시대의 유물이며 고통받는 피지배계급이
현실에서 도피케 하는 진통제로 보았다.

마르크스 무신론

　　바스쿠 다가마는 인도 고아 주의 도시다. 1498년 바스쿠 다가마가 아프리카의 희망봉을 돌아 인도의 고아에 발을 디딘 후 수 세기 동안 포르투갈의 지배를 받았다. 도시 곳곳에는 유럽의 흔적이 남아 있으며, 당시 식민지 모습이 온전하여 동방의 로마 또는 아시아의 예루살렘으로 불렸다.

　　버스 정류장에서 도시를 둘러보니 유럽풍 건축물과 성당이 보였고 레스토랑도 아기자기하게 잘 꾸며졌다. 바스쿠 다가마는 인도의 다른 도시와 사뭇 달라 마치 다른 나라에 온 것 같았다. 모든 것이 한가롭고 따사로워 한결 여유가 느껴졌다. 사실 인도가 1947년 영국으로부터 독립한 후에도 고아 지방은 포르투갈이 계속해서 지배했다. 1961년 뒤늦게 반환되자 서양의 젊은이들이 인도에 열광하며 찾아 들어왔다. 당시에는 미국을 중심으로 히피가 청년문화로 자리 잡혀 물질문명을 배격하고 반전주의와 자유주의를 외칠 때였다. 그들은 이곳에서 그들 특유의 히피 문화를 형성하고 인도를 그들 문화의 아지트로 삼았다.

　　고아는 기독교도시라더니 거리에는 정말 성당이 많았다. 성당 주변으로

널찍한 공원이 조성되었고 열대 나무들이 종탑보다 높이 솟아 있었다. 거리는 깨끗하고 가로수도 조경작업을 잘해놔 어느 휴양도시에 비교해도 못지않았다. 멀리 파란 하늘 아래 하얀 성당이 초록 야자수 사이 놓인 것이 눈에 들어왔다. 빠나지 마리아성당이었다. 과거 인도와 포르투갈을 오가는 상인들은 여기 성당에 들러서 무사히 인도양을 건너갈 수 있도록 기도를 드렸다고 한다. 하얀 회벽 건물이 구름 한 점 없는 하늘 위로 솟은 것이 인상적이었다. 가운데 종탑이 햇살에 반짝였다.

마리아성당은 바깥에서 보는 화사한 느낌 그대로 성당 내부도 하얀 페인트로 칠해져 어느 파티장에 들어온 것 같이 밝은 이미지였다. 빠나지 성당을 시작으로 고아의 여러 성당을 돌아다녔다. 카타린 성당에서는 고아 초대 총독을 기념한 시비도 보았다. 내용은 무어족과 이교도들을 몰아내고 고아에 하나님의 영광을 가져다주었다는 것이다.

이교도들을 내쫓고 세웠다는 성당 자리

는 여느 인도와 마찬가지로 힌두사원이 있었다. 포르투갈이 고아 지방을 지배하면서 힌두사원을 비롯한 여러 사원은 파괴됐고, 소위 그들이 말하는 이교도라는 인도인들은 무참한 죽임을 당했다. 아우랑가바드에서 이슬람 제국이 힌두사원을 남김없이 파괴한 것처럼. 고아에는 기독교인이 많다고 했다. 전도를 활발하게 한 것도 있겠지만, 힌두교를 믿던 어른들은 학살당하고 졸지에 고아가 된 아이들이 성당 보육원에 수용되어 기독교를 받아들였기 때문이다.

콜럼버스는 아메리카 대륙을 발견하고, 스페인 왕과 가톨릭교회에 편지를 쓰면서 여기에는 금과 은과 살아 움직이는 노예들이 많다고 했다. 그들은 하나님을 알지 못하는 원주민들을 타락한 영혼으로 생각했고, 원주민들을 그렇게 취급했다.

사실 서구 근대적 관점에서 볼 때 기독교 외 이교도가 신을 모시는 풍습은 잔인하고 모순적이었다. 남미의 아즈텍, 마야, 잉카 문명은 천문학이 발달하여 신비로운 고대문명 같아 보이지만, 매년 수만 명을 잔인하게 죽여 태양신에게 제물로 바친 국가였다. 인도에 처음 당도한 기독교 선교사들도 남편이 죽을 때 부인도 함께 화장하는 악습에 경악했다.

저녁 해가 기울어진 고아의 해변은 파도 소리가 철썩이며 달은 휘황하게 밝았다. 간간이 있는 레스토랑과 바 주변으로 번잡했지만, 밤바다의 고즈넉한 풍경을 망치지는 않았다. 달빛에 야자수 잎사귀가 바람에 흔들리는 모습이 보였다. 밤에는 한낮 더위가 잦아지며 파도 소리에 시원하기까지 했다. 해가 뉘엿뉘엿 가라앉자 게스트하우스로 돌아왔다.

게스트하우스에는 엘로라 석굴에서 만났던 선배가 율과 함께 있었다. 선배는 우리가 엘로라에서 산치로 간 줄 알았는데, 여기 고아에서 재회하게 되어 반갑다고 했다. 같이 레스토랑에서 저녁 식사로 오믈렛과 토스트를 먹고 맥주도 시키면서 담소를 이어갔다. 선배는 여기 온 지 이틀 되었다. 한국인은 아무도 없고 모두 서양인들뿐이어서 적적했다고 했다. 율도 부처님 행적만을 좇으려다 얼떨결에 바닷가에 홀로 있으려니 무료했었다. 낯선 곳에서 우연히 다시 만났으니 반가움은 매우 클 수밖에 없었다.

우리는 블루 레스토랑으로 자리를 옮겨 맥주병을 부딪치며 담소를 이어갔다. 선배는 무척 유머가 있는 사람이라 그가 인도인과 겪었던 이야기들을 재미있게 들려주었다. 콜카타에서 마더 테레사 하우스에도 들렀다고 했다. 처음에는 그 집이 빈민굴 출신의 아픈 사람들을 돌보고 치료해주는 곳인 줄 알았다고 했다. 알고 보니 죽는 모습을 지켜봐 주는 곳이라고 했다. 태어난 후 줄곧 인격적으로 대우받지 못한 사람들이 죽음에 이르러서야 인간으로서 돌봐주고 그 마지막을 함께해주는 곳이라고 했다.

한 달 넘게 인도에 체류하고 있던 선배는 자신이 겪은 이야기를 재미있게 하는 중에 유독 카스트제도에 대하여 매우 비판적이었다.

> "힌두교에서 상위계급인 브라만은 신의 입에서 나오고, 크샤트리아는 팔, 바이샤는 허벅지에서 태어났다고 믿고 있지. 노예계급인 수드라는 발바닥에서 태어났기 때문에 비천한 신분인 것이 당연하고, 직업도 그런 일을 해야 한대. 당최 말이 되는 소리야?"

선배는 담배 한 개비 꺼내 물며 열띤 모습으로 말해갔다. 비단 힌두교뿐만 아니라 그에게 종교란 단지 사회 구조적인 모순을 개혁하는 데 있어서 단지 걸림돌일 뿐이라고 생각했다.

해 질 무렵 야자수에 가린 밤하늘

"힌두교가 카스트라는 계급 제도를 밑받침해주고 있는 것처럼, 테레사의 집도 어쩌면, 천주교가 가진 폭력을 감추는 선전도구일 수도 있지. 천주교가 다른 나라에서 전도할 때, 얼마나 악랄했냐."

입에서 종교가 민중의 아편이라는 말이 곧 튀어나올 것 같았다.

"종교가 주는 것이라곤 노예계급에 다음 세상을 꿈꾸며 현실의 고통을 받아들이게 하는 것밖에 없어. 피지배층이 동요되지 않으니 지배계급은 현실의 부귀영화를 사나 죽으나 누릴 수 있고."

선배의 독설에 제대로 입도 벙긋 못하는 율이 안쓰러워서 나는 조심스럽게 카스트제도 폐단이 컸을 때 부처님이 평등을 말씀하셨고, 로마제국이 이스라엘을 탄압할 때 예수님이 태어나셨으며, 아랍 민족끼리 서로 싸울 때 마호메트가 사회 모순을 극복하게 해줬다고 말했다.

선배는 기다렸다는 듯 바로 말을 이어갔다.

"그럴까? 아직도 인도에는 불가촉천민이란 계급이 있어. 그들이 지나갈 때마다 '수드라가 갑니다.'라고 외쳐야 했대. 그런 천민들이 힌두교 경전을 들으면 두 귀에 뜨거운 녹물을 붓고, 경전 구절을 외우면 혓바닥을 자른다는 거야. 교회도 옛날엔 평민들이 성경을 읽지 못하게 했지. 사회 모순을 해결해주는 것이 아니라 오히려 고착하는 것이 종교였지. 말은 바로 해라."

우리가 성지순례로 인도에 왔다는 이야기를 몇 번 말했음에도 불구하고 선배는 종교에 관해 신랄한 말을 쏟아냈다. 율은 힌두교와 기독교를 비난하는 말에는 맞장구치면서도 부처님은 그런 잘못된 사회를 제대로 고치고, 고통받는 중생을 구제하신다고 말했다. 선배는 아랑곳하지 않고 불교가 고려 말에 폐단이 극심해서 조선이 들어서면서 없어진 줄 알았다며, 귀족은 전생에 좋은 일을 많이 해서 좋은 신분으로 태어난 것이고, 가난한 백성은 전생에 죄를 지어 그런 것이니 불평하지 말라고 설교하는 불교가 왜 필요하냐고 말했다.

율도 고분고분 듣고만 있지 않아 둘은 가끔 손바닥으로 테이블을 두드리며 말하기도 했다. 그들은 지금 세상에서 가장 위험한 주제를 놓고 논쟁하고 있었다.

나는 맥주병을 들고 그들을 등지며 밤바다를 바라봤다. 초승달이 바닷물 속으로 숨었고, 고기잡이배 등불도 꺼져 칠흑 같은 어둠이 내려앉았다. 단지 파도 소리만이 우리가 바다 옆에 있다는 것을 깨닫게 해주었다.

08

카미사마, 호토케사마

만물에 신이 있다고 믿는 일본 신도는
신사에서 종교문화가 일상생활과 어우러졌으며
불교는 신도와 결합하여 장례문화 성격이 강해졌다.

일본 신교

        고아에서는 모든 것을 잊어버리고 바다와 바람을 만끽하며 지냈다. 하루도 빠짐없이 파도에 자잘하게 움직이는 모래를 밟으며 하염없이 해변을 걸었다. 발바닥 살갗이 모래와 닿을 때마다 느껴오는 감촉이 부드러웠으며 바닷바람을 맞는 볼은 사늘한 느낌이었다.

    어느 날도 해변의 아름다움을 즐기고 있을 때, 멀찍이서 인디언 상인에 둘러싸여 있는 동양인을 보았다. 해변에는 서양인 일색이라 반지르르하게 검은 그녀의 머리칼은 금세 눈에 띄었다. 사리를 머리에 두른 인디언 처녀들은 보따리에서 옷가지들을 그녀 앞에 늘어놓았다. 붉은 원피스 수영복을 입은 그녀는 젖은 머리카락을 손질하며 웃는 얼굴로 완곡하게 거절하고 있었다. 상인들은 아랑곳하지 않고 그녀를 둘러싸며 천을 펼쳐 보였다. 한 눈으로 보아도 염색이 제대로 되지 못한 옷가지였다. 도리질하는 그녀 앞에 그들은 끈덕지게 사달라고 졸라댔다. 나는 그 곁을 지나며 자연스럽게 눈인사를 했다. 그녀도 자신이 처해있는 난처한 상황이 멋쩍었는지, 어깨를 으쓱하며 어색한 웃음을 지었다. 그리고는 더듬거리는 발음으로 "안녕하세요."라며 우리나라 말로 인사했다.

여행하면서 오래간만에 듣는 우리나라 인사말이었다. 반가워하며 인사하고 어디서 왔냐고 물어보았다. 하지만, 그녀는 못 알아듣겠다는 듯 다소 어리둥절한 표정을 지으며 영어로 자신은 일본에서 왔다며 나에게 한국인이 맞냐고 물었다.

어색한 억양이었다. 나는 고개를 끄덕였다. 그녀 곁에서 실랑이를 벌이는 인디언 처녀들을 힐끔 쳐다보니, 그녀는 양손을 들어 올리는 시늉을 하며 미소를 지었다. 무척 하얀 피부를 가진 그녀는 검은 머리카락을 연신 쓰다듬었다. 우리는 고아의 아름다움에 대해 몇 마디 더 이야기를 나누고 손을 흔들고 헤어졌다.

다음 날은 안주나 비치 인근에 있는 칼랑굿 해변으로 트래킹했다. 칼랑굿은 고아에서 가장 개발된 해변으로 넓은 모래사장이 끝없이 이어져 있으며, 해변 따라 수많은 클럽과 레스토랑이 밀집해 있었다. 아담한 안주나에 비하면 칼랑굿은 사람들로 북적였으며, 모두 백인 일색이라서 동양인은 단한 명도 볼 수 없었다. 왠지 터부감이 느껴져 해변을 걸으면서 어색해하다가 다시 안주나로 돌아왔다.

안주나로 왔을 때는 칼랑굿 사이에 있는 제법 커다란 언덕을 넘어야 했기에 몸이 땀으로 젖었다. 얼른 바닷물 속에 몸을 풍덩 담그고 싶어 해변으로 달려갔다. 어제 그 자리, 그녀는 붉은색 수영복을 입은 채 물속에서 물장구를 치고 있었다.

나는 모래벌판에 머뭇거리듯 서 있었다. 그러다 그녀와 눈이 마주치자 손을 흔들며 인사했다. 그녀도 내게 손을 흔들다가 거센 파도에 몸의 균형

카미사마,
호토케사마

을 잃고 주춤거렸다. 넘어질 뻔했던 그녀에게 괜찮으냐고 묻고는 바닷물에서 나오라고 손짓했다. 그녀는 순순히 바닷물에서 빠져나와 내 곁으로 다가왔다. 그녀의 머리카락에서 바닷물이 내 발등에 떨어질 정도로 가까이 올 때 내가 말했다.

"해변을 지날 때마다 항상 너를 이곳에서 보았어. 오늘도 너를 보게 되는구나."

"그래? 난 여기 매일 와. 수영하고, 햇볕도 쬐면서 시간을 보내."

"여기에 머문 지 오래됐어?"

"한 일주일 정도."

"아, 그래? 여기에 머물다 보면 이곳을 떠날 수 없을 거 같아."

우리는 나란히 바닷가를 바라보며 앉았다. 갓 정오를 지났음인지 햇볕은 다소 따가웠다. 그녀의 머리칼이나 발그레한 볼에 흐르던 바닷물은 물방울이 되어 점점 메말라 갔다. 우리는 그동안의 여행 이야기를 두런두런 나누었다. 그녀의 커다란 눈동자는 짙은 검은색이었고, 쌍꺼풀진 눈매는 시원시원한 모습이었다. 눈동자만큼 검고 기다란 머리카락을 바라보다가 문득 그녀의 이름을 모른다고 생각하며 그녀의 얼굴을 보며 말했다.

"이런. 아직도 나는 너의 이름을 몰라."

"응. 그러네. 치츠까와 루까. 이름이 루까야."

"루까? 일본 이름 같지 않아. 꼭 포르투갈 사람 이름 같군."

"하하. 친구들도 그래. 세례명이 아니냐고."

　나는 손바닥으로 모래를 평평히 두드렸다. 그녀는 피식 웃고는 내가 모래를 다듬을 때까지 물끄러미 바라보다가 내가 바라보는 방향으로 그녀의 이름을 적어 나갔다. 實川路可. 밀려온 바닷물에 촉촉해진 모래에 뚜렷이 글자가 새겨졌다. 그녀는 나보고 이름을 적어보라며 자기 이름 밑으로 모래에 금을 그었다. 모래를 갈라놓는 그녀의 가냘픈 검지에 모래 알갱이가 묻어났다. 나는 새끼손가락으로 그녀가 그어 놓은 선 위로 글자를 한문으로 적어갔다. 그녀는 눈을 한 번 찡그리더니 기어드는 목소리로 "기토모토"라고 읊조리며 나를 바라보았다. 한자를 그렇게 읽기도 한다고 생각하는 순간 웃음이 터졌다. 그녀는 맞는다고 확신했는지 다시 나를 보며 활짝 웃고는 "기토모토 상!"이라고 반복해 불렀다. 나는 정색하며 이름을 말해주자 그녀는 피식 웃곤 고개를 끄덕였다. 나 역시 미소를 짓고 바다를 바라보았다. 물속으로 사람들 웃음이 파도에 밀려 우리가 앉은 모래벌판까지 왔다.

　바닷물에는 두 동양인 남녀가 서로 손을 맞잡으며 헤엄치면서 장난치고 있었다. 루까는 손가락으로 그들을 가리키며 같은 호텔에 머무는 일본인 커플이라고 했다. 다정해 보인다고 내가 말을 이으니 그녀는 말없이 희미한 미소만 지었다. 그러다 물속에 있는 연인들과 눈이 마주치자 손을 흔들며 인사를 했다. 물속에서 노닐던 그네들도 손을 흔들다가 나에게도 손을 흔들었다. 나는 고개만 까닥이며 인사했다. 우리는 그 연인이 오붓하게 헤엄치며 시간 보내는 것을 오랫동안 지켜보았다.

　다음 날, 나는 플리마켓을 돌아봤다. 그곳에는 좌판으로 가지각색의 물

카미사마,
호토케사마

건들이 놓여 많은 관광객과 인디언들이 흥정하고 있었다. 벼룩시장 주변에 오토바이 렌트 점포가 있었다. 운전면허 딴 지 얼마 안 됐지만, 해변을 오토바이로 달리고 싶어서 가게 사장과 흥정을 하여 150cc 오토바이를 빌렸다. 사람이 번잡한 곳을 피하여 핸들을 잡고 조심스럽게 끌고 나와 안장에 앉고 시동을 걸었다. 오토바이는 조금 움직이더니 길바닥에 균형을 잃고 쓰러졌다. 멀리서 바라보던 인디언 주인은 황급히 뛰어오며 오토바이도 제대로 탈 줄 모른다며 타박했다. 그러면서 나에게는 렌트해줄 수 없다며 300루피를 돌려주었다. 바닥에 쓰러질 때 무릎이 까졌지만, 아픔보다 멋쩍어 자리에서 물러 나왔다.

벼룩시장을 벗어나자 발걸음은 어디 갈 데가 있다는 듯 저절로 옮겨졌다. 고아에 온 후 항상 들리는 곳이었다. 역시 그녀는 모래에 얇은 천을 깔아놓고 그 위에 앉아 바닷가를 보고 있었다. 물속에서 나온 지 얼마 안 됐는지 머리카락은 흠뻑 젖어 있었다. 그녀와 눈이 마주치자 그녀는 반가운 표정을 지으며 손을 흔들었다. 그리곤 자리에서 일어나 모래펄에 펼쳐놓은 천 가장자리로 옮겨 앉았다. 붉은색과 파란색이 얽혀 있는 체크무늬 매트에 다가가 그녀가 마련해준 자리에 걸터앉았다. 그녀의 은은한 향기가 바다에서 온 바람과 함께 맴돌았다.

우리는 말없이 다시 물끄러미 푸른 바다만 보았다. 망망한 바다가 끝없이 펼쳐져 있었다. 그 광활한 바다 건너편에는 사우디아라비아와 옛 페르시아 제국의 땅이 있다. 신드바드가 그의 사랑을 찾아 바다를 건너 모험을 떠난 곳이었다.

우리는 서로 얼굴을 보고 다시 바다를 보았다. 간혹 인디언 상인들이 옷가지들과 기념품들을 가지고 다니며 우리 앞에 서성였다. 그럴 때마다 루까는 힌디어로 "짜인 다니나"라고 연신 말했다. 무슨 뜻이냐고 물어보니 '필요 없다'라는 뜻이라고 했다. 그때부터 나는 인디언 상인들이 올 때마다 우리 둘이 대화를 하고 있으니 내버려 두라고 간곡히 말하곤 했다. 그러면 상인들은 우리를 힐끔 쳐다보며 웃음 짓고 가곤 했다. 나는 그녀에게 내가 어떻게 한국인인 줄 첫눈에 알 수 있었냐고 물었다. 그녀는 한 손으로 입을 가리며 잠시 소리 없이 웃음 지었다. 다른 손으론 머리카락을 말며 입을 열었다.

> "하하. 네가 건너편에서 걸어가고 있을 때, 내 주위에 있던 인디언 처녀들과 이야기를 나누었지. 네가 일본인일까, 아니면 한국인일 까 하고 말이야. 그러다가 네가 한국 사람 같다는 느낌이 들어서 먼저 '안녕하세요!' 라고 한 거야. 나 용기 있지?"

눈을 동그랗게 뜨고 바라보는 그녀에게 나는 고개를 끄덕였다.

> "그래. 정말 용기가 있다. 친절도 하고."

뒷말로 또 예쁘다고 말을 하고 싶었지만, 끝말은 얼버무렸다.

그녀는 치바현 요츠카이도에 살고 있다고 했다. 그곳에서 조금만 가면 태평양을 볼 수 있다고도 했다. 그러면서 자기 마을은 그리 크지 않고 한적 하다고 했다. 그녀에게 태평양과 인도양이 어떻게 다르냐고 물었다. 그녀는

카미 사마,
호 토 케 사마

고개를 가로저으며 똑같이 파랑다고 했다.

갑작스레 생각난 듯 그녀에게 저녁 식사를 같이하자고 말을 꺼냈다. 며칠 동안 나란히 바닷가를 바라보며 대화만 나누었지 제대로 식사도 못 했다고 생각했다. 그녀는 머뭇거리며 대답했다.

> "그런데, 밤중에 나오면 골목에서 개들이 시끄럽게 짖어."
> "걱정하지 마. 내가 개들을 조용히 시킬게. 루까는 조용히 나올 수 있을 거야. 밤에 얼마나 많은 별을 볼 수 있는데!"

그녀의 눈동자를 바라보았다. 그녀는 고개를 끄덕이며 미소를 지었다. 나도 미소를 짓고는 그녀 무릎 햇살 닿는 부위에 물기가 메말라 솜털이 곤두서 있는 것을 보았다. 피부가 따갑게 느껴졌다.

나는 기다리겠다며 먼저 일어나 바지에 묻은 모래를 툭툭 털었다. 그녀도 다소곳이 일어나서 바닷가 쪽으로 발걸음을 천천히 옮겼다. 몇 걸음을 뗀 다음 그녀는 뒤를 돌아 나를 바라보았다. 그녀는 바닷물 속에 무릎이 반쯤 담가진 채로 나에게 손을 흔들었다. 그리곤 바닷물을 퍼 올리며 나에게 물 뿌리는 시늉을 했다. 나는 크게 웃고는 손을 흔든 채 뒷걸음치며 돌아섰다.

바다, 하늘, 야자수, 따뜻한 바람

　어느덧 태양은 하늘을 붉게 물들이고 서서히 바다 아래 가라앉기 시작했다. 이윽고 안주나 비치에 어둠이 덮였다. 레스토랑 바깥으로 등불이 알록달록하게 들어왔다. 어두워지자 날이 제법 차가워졌다. 얇은 긴 옷을 꺼내 블루 레스토랑으로 들어섰다. 서빙을 보던 제이가 예약석이라는 팻말을 걸어 놓은 곳에 나를 인도했다. 전망이 제일 좋은 테이블이었다.

　약속 시각이 다다르자 바다에서 둥실 달이 떠올랐다. 반달이었다. 반쪽이라고 해도 그 휘황한 달빛에 잠시 넋을 놓고 바라보다가 의자 끌리는 소리가 들렸다. 그녀가 벌써 와 있었다. 나는 자리에서 일어나 인사하고 그녀가 앉은 후 다시 자리에 앉았다. 그녀는 기다란 머리카락을 말아 올리고 머리 위에 짧은 하얀 비녀를 꽂았다. 양 관자놀이엔 몇 올의 머리카락이 볼에 흘러내렸다. 말끔하게 정돈된 머리카락과 어울리게 살짝 그려진 눈썹과 붉

카미사마,
ㅎ ㅌ 케사마

은 입술은 은은한 기품이 감돌았다. 그녀는 내가 건네준 메뉴판을 받아들고 넘기자 제이가 옷매무시를 가다듬고 테이블에 다가왔다. 그러면서 부드러운 목소리로 저녁의 스페셜 메뉴를 줄줄이 외워대며 각각 음식평을 말했다. 주문을 받은 제이는 깍듯한 인사를 하며 좋은 시간이 되라는 말을 잊지 않았다. 루까가 고개 숙이며 제이에게 정중하게 답례했다. 인사할 때 그녀가 입은 드레스가 눈에 들어왔다. 목 부분이 깊게 파인 원피스로 분홍빛 바탕에 가슴과 배 부분엔 하얀 레이스가 곱게 달려 있었다.

"옷이 예쁘네. 너와 정말 잘 어울려."
"고마워. 인도 정장 옷이야. 얼마 전 방갈로에서 샀어."

나는 그녀에게 거듭 옷이 잘 어울린다고 말했다. 우리는 자연스럽게 서로의 여행 여정에 관하여 이야기했다. 그녀는 4개월째 혼자서 인도 여행을 하고 있다고 하며 다녀왔던 인도 각 지역에 대하여 들려줬다. 자이살메르의 낙타 사파리와 타지마할, 바라나시의 갠지스강, 네팔의 포카라에 대해 말하고, 그중에서도 자이살메르에서의 사막과 포카라에서의 호수가 가장 기억에 남는다고 했다. 내게도 그곳에 꼭 가보라고 했다.

"일본이나 한국에서 사막을 보기 힘들지. 낙타를 타고 사막을 건넌다는 것은 특별한 경험이야."
"글쎄. 인도 북쪽으로 올라갈 수 있을지 모르겠다. 원래 뭄바이에서 동쪽으로 가야 했거든."

"인도까지 와서 사막을 건너지 않고 떠난다면 많이 아쉬울 거야. 사막에 간다면 어린 왕자가 될 수 있거든."

"어린 왕자? 하하. 그럼 사막여우도 만날 수 있는 거야?"

"그럴 수도 있겠지. 사막에서는 정말 많은 별을 볼 수 있어."

나는 파도 소리가 들리는 쪽을 바라보았다. 어두컴컴한 바다와 밤하늘 어디가 경계인지 알 수 없었으나 하늘에는 무수하게 많은 별이 빛나고 있었다. 그녀도 고개를 돌려 밤바다를 보며 그 별만큼 사막에는 더 많이 빛난다고 했다. 루까는 대화 중 적절한 영어단어가 생각나지 않으면 검지 하나로 턱을 괴면서 잠시 고심한 듯 고개를 갸웃했다. 그때 침묵이 흐르는 것을 빼곤 우리는 쉼 없이 웃거나 미소 지으며 이야기를 나누었다. 웃을 때마다 그녀의 눈동자는 순수하게 빛났다.

"혼자서 여행을 그리 오랫동안 했으면, 집에서 가만있지 않았을 것 같아."

"정말 그랬어. 내가 여기 온다고 했을 때 엄마가 얼마나 걱정하셨다고. 지난해에는 베트남과 라오스, 캄보디아를 돌아다녔을 때, 집에서 난리를 피웠더랬지."

"라오스하고 캄보디아까지? 혼자 걸어 다니기에는 위험한 곳 아냐?"

"처음에 나도 그런 줄 알았지만, 그렇지 않아. 사람들이 순진해. 라오스에서는 차도에서 내가 사진기를 들이대면 오토바이 타고 가던 여학생이 딱 멈추고서는 얼굴을 붉히며 포즈를 취해. 얼마나

카미사마,
호토케사마

귀여운지 아니?"

"너도 대단하구나. 그럼 계속 여행만 다닌 거니? 졸업하고서?"

"아냐. 파트타임제로 일하고, 번 돈으로 여행을 다녀. 다시 일본에 돌아오면 직업 구해 돈 마련하고 떠나. 일본의 많은 젊은 세대가 이런 생활 스타일을 갖고 있지. 버블경제가 무너진 후 젊은이들이 많이 고생하지. 어쩌면 이번 여행이 나에게 마지막이 될 것 같아. 일본에 돌아가면 나도 고정적인 직업을 구할 거야."

루까는 '영 제너레이션'이라는 말을 계속 반복했다. 일본경제의 잃어버린 10년 동안 젊은 청년들이 취업 문제로 스트레스를 받으며 프리터족으로 변했다. 나는 여러 곳을 표류하던 그녀가 붙박이처럼 한곳에 고정한다면 좀 지루하지 않을까 물어봤다. 나의 물음에 그녀는 이해가 가지 않는 눈치였다. 나는 또박거리며 다시 발음했지만, 그녀가 알 수 없다는 눈빛을 보여 수첩에다 한자로 '固定'을 써주었다. 그녀는 내가 적는 글자를 묵묵히 보다가 이윽고 고개를 쳐들며 일본어로 잠시 뭐라고 중얼거리며 나를 똑바로 바라보았다. 일본어로 말하는 그녀의 억양이 다소 격앙되고 낮은 톤이라 나는 적잖이 당황했다. 무슨 말을 했는지 알 수 없었지만, 상긋이 웃다가 착 가라앉은 목소리로 무뚝뚝하게 말하는 그녀가 순간 낯설게 느껴졌다. 그녀는 차가운 표정으로 전혀 다른 목소리로 또박또박 말했다.

"That Is Japanese's Glory!"

줄곧 대화에서 젊은 세대의 개방성과 합리성, 개인 생활에 대한 자유를 공감하며 이야기를 나누다가 '일본인의 영광됨'이라는 말에 나는 아연실색했다. 과연 영광이라는 단어는 어떤 행위에다 붙일 수 있는가? 집단을 위한 영광이라면 그에 동조하지 않는 다른 집단은 단호히 베어낼 수 있는 말이었다. 영광을 위하여! 국가가 그 무모한 말을 할 때 항상 피와 학살이 따르지 않았던가! 무뚝뚝하게 변해버린 그녀 앞에서 나는 무심결에 '쥬고엔 고짓센'을 속으로 되뇌었다.

루까는 내가 안색이 변하며 당황해하자 다시 미소를 지으며 말을 이었다. 목소리가 다시 맑아졌다.

"일본인이 살아갈 때는 많은 사고가 있어. 그 많은 불행을 피하면서 자기 자리를 지킨다는 것은 정말 영광된 삶이라고 할 수 있어."

나는 고개를 끄덕이며 이해한다고 했다. 간인제도와 천재지변, 바쿠후 집권 시대를 거치면서 생겨난 습성일 것이다. 그들의 무서울 만치 강한 집단성과 강자에 대한 복종성은 그런 환경에서 생겨날 수밖에 없는 슬픔이었다.

"그러면 루까는 일본에 돌아가면 결혼하고 조용히 보내겠군."
"전혀! 난 독신으로 살 거야. 아기 갖는 것도 싫어. 직장 다니면서 나 스스로 살아갈 거야. 홀로 사는 것이 얼마나 좋은데."
"네 엄마가 싫어하는 일만 하는군."
"맞아. 내가 묵고 있는 호텔에 네팔 아저씨가 있었지. 그가 점을

카미사마,
호,투.케사마

칠 수 있다며, 나보고 티베트 남자와 결혼한다는 거야. 내가 티베
트 사람은 가족이 많아서 싫어요! 했더니, 그 남자는 고아라서 문
제가 안 된다는 거야."

"하하~ 엉뚱한 사람이네! 넌 그걸 믿니?"

그녀는 펜을 내게서 가져가더니 노트에다 한자로 '佛相'이란 단어를 썼다.

"우리 엄마는 절에 가서 앞날을 확인하곤 해. 내 종교는 불교야."

나는 루까가 불교 신자라는 말에 너무나 반가웠다. 인도 여행은 성지순
례를 주요한 목적으로 생각하고 온 것이기에, 같은 불자를 만난다는 것은
매우 기분 좋은 일이었다. 우리는 다시 불교에 대한 화제로 바꾸어 일본과
한국에서의 절과 스님, 교리의 차이점에 대해서 말을 건네며 맞장구치거나
고개를 설레설레 흔들기도 했다.

그녀의 말을 들어보니 일본 불교는 우리나라와 달리 장례 의식을 무척
중요시했다. 우리나라도 납골을 절에 모시기도 하지만, 대중을 위해 법회
등도 열면서 포교와 수양의 장소이기도 하다. 반면, 일본의 사찰은 죽은 사
람의 넋을 기리고 제사를 하는 장소 성격이 강하다. 이런 일본의 불교문화
는 토착 신앙인 일본 신도와 결합하여 장례문화 성격이 더욱 강해졌다. 신
도는 조상과 자연을 모시며 숭배하는 일본 민족 신앙으로 주로 제사 중심
의 종교적 특징이 있다. 특히 신에게 제사를 지내는 신사에서 참배를 드리
기도 한다.

신사란 곳이 야스쿠니 신사처럼 2차 대전 전범을 기리는 곳 같아 안 좋은 이미지가 있지만, 일본인에게는 신사를 중심으로 일상생활과 문화생활을 한다. 종교 비율도 불교보다 신도를 믿는 일본인이 더 많다. 그래서 자연스럽게 불교도 신교의 영향을 받아 주로 장례와 부적 중심의 종교 활동이 이루어지고 있다. 가끔 절에서 기도할 때도 카미사마(하느님), 호토케사마(부처님)를 외우기도 한다.

▼
일본에서 인도에 세운 호토케사마

카미사마,
호토케사마

밤이 깊어졌다. 우리는 서로 편지를 교환하기로 하며 주소를 나누어 적었다. 루까는 잠시 머뭇거리다가 말을 이었다.

"편지를 보낸다고 해도 언제 주고받을 수 있을지 모르겠다. 너도 인도에서 오래 여행을 할 것이고, 나는 인도 여행을 마치면 곧바로 중국으로 갈 거야."

"뭐? 중국까지 가는 거니?"

"응. 하지만 여행 중에 너의 집으로 엽서 보낼게."

"그러면 나의 영광!"

루까는 나의 말에 키득대며 미소를 지었다. 우리는 자리에서 일어섰다. 제이가 음악을 고르다 우리를 정중하게 배웅해주었다.

해변에는 별이 무척 많았다. 밀려오는 파도 소리엔 음률이 담겨 한 편의 노래가 됐다. 같이 해변을 거닐다가 그녀가 묵는 호텔까지 천천히 발걸음을 옮겼다. 마음 한편에서 바닥을 알 수 없는 우울함이 밀려왔다. 파도 소리는 멀어지고 야자수 잎사귀 서걱거리는 소리에 마음이 사위어갔다. 루까를 바라보며 무심코 말했다.

"난 내일 새벽 바로 성지순례를 떠나야 할 것 같다."

말하고 나서 도대체 내가 무슨 소리를 했는지 의아했다. 그녀가 함피로 내려가려면 적어도 며칠 지난 후인데 그동안 그녀와 여전히 아라비아해를 보며 두런두런 이야기를 나눌 수 있었다. 그녀한테서 아직 듣고 싶은 이야기가 너무 많았다. 그녀는 자리에서 발걸음을 멈추고 나를 보며 말했다.

"그래? 고아에 짧게 머무르는구나. 하기야 부처님 길 따라가는 중이랬지? 고아에서 오래 머물면 안 되겠지."

그녀의 말을 들으니 내뱉은 말을 주워 담고 싶은 심정이었다.

밤하늘 달빛은 밝았지만, 별은 달빛에 묻히지 않고 헤아릴 수 없이 많이 보였다. 야자수가 가득 자라난 도로는 어두컴컴했다. 마을 어귀 쪽으로 플래시를 비추자 어디선가 개가 컹컹 짖어대는 소리가 들렸다. 적막한 밤중에 개 짖는 소리는 날카로웠다. 루까가 가리키는 방향으로 플래시를 비추며 어둑한 골목길을 걸었다.

"인도 여행! 무사히 잘해. 부처님 흔적을 따라가려면 룸비니도 들리겠다. 네팔에 있으니 포카라 호수에도 꼭 가봐."

그녀의 상냥한 말에 나는 고개를 옆으로 까닥이며 웃음을 지었다. 그녀는 웃음을 지으며 인도 여행으로 지칠 때 네팔에서 힐링할 수 있다고 했다.

이윽고 그녀가 머무는 숙소 앞까지 오게 됐다. 하얀 칠로 덮인 울타리 앞에서 루까는 뒤돌아서 나를 보았다. 우리는 서로 허리를 직각으로 굽히면서 아무 말 없이 인사를 나누었다. 그리고는 상대방 언어로 작별 인사를 했다. 루까는 '사요나라'를, 나는 '안녕'이라는 인사말을 건넸다. 그녀는 내게

카미사마,
호 투 궤 사마

처음 만날 때처럼 헤어질 때도 '안녕'이냐며 의아스러운 몸짓을 하며 웃음을 지었다. 나는 만남이나 헤어짐 다 같은 의미이므로 모두 '안녕'이라고 인사한다고 말했다. 그러고 나서 나는 뒤돌아섰다.

▼
일본 신토 신을 모시는 신사와 도리이

09

믿음과 소망, 사랑. 그중 제일은 사랑

바울은 믿음과 소망 그리고 사랑을 설교하여
하나님이 이스라엘 수호신이라는 한계를 벗어나
세계에서 가장 많은 사람이 믿는 신이 되었다.

기독교 사도 바울

　　뭄바이로 다시 돌아왔다. 여전히 시가지엔 넘쳐나는 차량과 사람들, 그들이 만들어놓은 매연과 소음으로 북새통을 이뤘다. 새벽에 도착한 버스에서 내리며 밤새 잠을 뒤척였는지 온몸이 뻐근했다. 밤새 거리에서 노숙하던 사람들도 도티에서 얼굴을 빠끔히 내밀기 시작했다. 그 느릿한 행동들이 마치 간밤 찬바람에 숨죽였던 풀잎들이 이른 아침 고개를 꼿꼿이 쳐드는 것처럼 보였다.

　고아에서 올 때 버스 뒷자리에 같이 탔던 핀란드 여행자들과 택시를 합승했다. 같이 센트럴 터미널로 이동하고 역 앞에서 아침 식사를 하며 이야기를 나누었다. 그들은 라자스탄으로 간다며 인도 남쪽 끝에서 북쪽 끝으로 여행 중이라고 했다. 우리는 부처님의 발자취 따라 인도 서쪽 끝에서 동쪽 끝으로 이동할 계획이라고 했다. 서로 웃으며 자기들은 경도 축을 따라가고 우리는 위도 축을 따라간다며 재미있어했고, 각 축이 크로스 되는 뭄바이에서 보게 되어 인연이라 했다. 그들은 우리가 가는 여행 코스에 많은 관심을 가졌다. 그러면서 내년 휴가 때 인도에 다시 와서 우리가 가려는 루트로 여행하겠다고 했다. 우리에겐 다음 휴가 때 함피에서 라자스탄 쪽도 가보라고 했다. 속으로 팔자 좋은 소리 하고 있다고 생각했다.

사실 라자스탄으로 가고 싶었다. 밤새 뭄바이로 오는 버스에서 고민했던 터였다. 어렵사리 율에게 말을 꺼내 북쪽으로 가자고 했다. 조심스럽게 말했지만, 율은 언짢아하며 동쪽으로 한시바삐 가야 한다고 북쪽으로 올라갈 수 없다고 대답했다. 그리고 고아를 들리는 바람에 남쪽까지 내려갔다가 다시 올라왔다며 볼멘소리를 했다.

맞는 말이었다. 뭄바이만 벌써 세 번째 들리고 정작 성지순례 할 곳은 가지도 못했다. 하지만, 나는 천연덕스럽게 말했다.

"우리가 달마도 아니고 왜 자꾸 동쪽으로 가려고만 하냐? 고아에서 기독교 문화도 보았으니, 라자스탄에서 사막의 이슬람 문화도 좀 보자."
"예수도 마호메트도 부처님 열반 후 한참 뒤에 태어난 사람이다."

신기하게도 부처님 사후 600년 뒤 예수가 십자가에 못 박히셨고, 다시 600년 뒤 마호메트가 신의 계시를 받았다. 그는 쉽게 고집을 꺾지 않았고 나도 집요하게 물고 늘어졌다.

"오래됐다고 다 좋은 것은 아니지. 부처님 태어나기 훨씬 이전에 힌두교가 있었다. 그렇다고 우리가 시바 신을 믿지 않잖아."
"저번 고아에 있었을 때 말했었지? 고아에서 기독교가 어떻게 전해졌는지. 이슬람 또한 칼로 개종시키며 다른 사원들을 모두 파괴

믿음과 소망, 사랑.
그중 제일은 사랑

하지 않았냐고. 불법만이 피 흘림 없이 사방세계로 퍼졌다."

"다른 신을 믿다가 불교로 바꾼다는 것도 강요에 의한 것이지."

"불교가 언제 다른 종교를 이단으로 몰고 탄압하든?"

"내가 말한 것은 진리에 대한 강요를 말한 거야. 그러니까 지옥에 대한 두려움, 다음 생에 가축으로 태어날까 하는 두려움, 그런 두려움을 마음에 심는 것도 억압이란 뜻이야."

나 스스로 불교에 대하여 잘 이해하지 못한 채 그와 논쟁하기 위하여 궤변만 늘어놓는 것 같았다. 그는 이해할 수 없다는 듯 고개를 젓다가 비아냥대듯 말했다.

"네 이름 기행이란 글자 그대로 자꾸 싸돌아다니려고 하는구나."

그가 점잖게 타이르는 어투로 말하자 나도 감정이 상해 퉁명스럽게 받아쳤다.

"네 이름 경율은 부처님 경전과 율법을 그대로 따왔나 보네."

우리는 서로 도리질하며 한숨만 내쉬었다. 사실 그가 고아까지 같이 와준 것만으로도 고마웠다. 내가 미련하게 고집 피웠다고 단념하려는 찰나, 그가 풀죽은 목소리로 말했다.

"도대체 사막은 왜 가는데?"

"혜초 스님도 아잔타 석굴에서 거기 사막을 건너 페르시아로 가셨어. 사람들이 종종 사막이 아름답다고 말하잖아."

나는 사막에 가면 바오바브나무 싹을 캐는 것에 지겨워진 어린 왕자가 다시 지구별로 와 있을 것 같다고 말하고 싶었다. 아니면 어린 왕자를 기다리던 사막여우가 모래를 파헤치며 돌아다니는 걸 볼 수 있을 것 같았다. 율은 안경을 벗고 렌즈를 수건으로 닦더니 어쩔 수 없다는 듯 북쪽으로 가자고 했다.

갑작스럽게 일정을 바꾸느라 뭄바이 센트럴 터미널에서 어느 역으로 가야 할지 우왕좌왕했다. 라자스탄으로 가는 길목에서 '아마다바드'에 들러야 했다. 뭄바이에서 아마다바드까지 기차로 14시간 소요된다. 이제는 버스나 기차로 한 번에 14시간 이동하는 일은 다반사가 돼버렸다.

아마다바드행 열차는 늦은 시간이 다 돼서야 간신히 표를 구할 수 있었다. 그나마 기차표를 예매 없이 끊을 수 있었던 건 고아 주 출신 한스 덕분이었다. 그는 우리가 고아에서 올라왔다는 소리에 매우 반가워하며 좋은 자리를 차지할 수 있도록 배려했다. 그는 유머와 재치가 넘쳤다. 아마다바드는 사업차 들린다고 했다. 고아에서 친구들과 주말마다 축구공을 찼으며, 자신은 크리스천이라고 했다. 인도인 중 기독교인은 처음 만나 반가움이 컸다. 그는 인도에 크리스천이 그리 많지 않지만, 고아 지역에 대부분 몰려 있고, 성당이 힌두사원보다 더 많다고 했다.

인도에서 기독교인으로 산다는 것은 어떤 느낌일까 무척 궁금했다. 사실

믿음과 소망, 사랑.
그중 제일은 사랑

나는 어린 시절에 주일마다 교회를 다녔다. 이사 간 후에도 친구들을 보러 교회를 꾸준히 다녔다. 어느 날 나는 어머니로부터 교회에 헌금할 용돈을 받지 못했다. 100원밖에 없어 결국 헌금 봉투에 동전 한 닢 넣었지만, 옆 친구 보기가 창피하여 1,000원이라고 겉봉투에 적었다. 봉투를 모두 수거한 후 목사님은 이름 하나하나 호명하면서 헌금한 금액을 부르며 주님께 감사드린다고 말했다. 어린 마음에 100원 넣고 1,000원을 헌금한 거짓이 곧 탄로 날까 봐 매우 두려웠다. 당시 교회에서 베드로에게 헌금을 바치던 아나니아와 그의 아내 삽비라가 헌금 액수를 속여서 죄의 대가로 목숨을 잃었다는 말을 수도 없이 들었었다. 그런 두려움으로 그날 이후 교회를 다니지 못했다. 그러자 두려움은 사라졌다.

십자가를 든 천사(산탄젤로 다리)

어느 날 예전 살았던 동네 이웃 형이 우연히 우리 집에 전도하러 들렀다. 어머니가 그 형을 잘 아는지라 반가워하여 우리는 주말마다 성경공부를 하게 됐고, 여호와 증인의 왕국회관으로 가서 예배도 드렸다. 몇 년 후 우리를 전도했던 형이 우울한 표정을 짓더니 이제 곧 교도소에 간다고 했다. 어렴풋이나마 군대에 징집되면 교리에 따라 총을 잡지 않으니 항명죄라고 감옥으로 끌려간다는 것이었다. 대학교에서 공부도 잘했던 형인데, 교도소에서 나오면 결국 전과자 신세라 회사에 들어가기 힘들어 대신 열쇠 수리업을 배우려 한다고 했다. 결국 착실했던 그 형이 투옥되었을 때, 하나님을 그렇게 신실하게 믿었음에도 그에 대한 대가가 이런 것인가 느끼며 더는 왕국회관에 다닐 수가 없었다.

한스는 유일신을 믿는 다른 교인들과 달리 다른 종교를 바라보는 사고가 유연했다. 아마도 힌두교 국가에서 살아가는 소수 종교인으로서의 한계를 체감하고 그 사회 속에서 생존하는 방편이리라.

> "힌두교나 기독교 모두 사람에게 불멸의 영혼이 있고, 절대자 신을 믿지. 두 종교 모두 신에게 가까워지려고 노력해. 힌두교는 명상을 통해서, 기독교는 기도를 통해서 신께 다가서려고 하지."

그는 뜸을 좀 들이다가 우리를 바라보며 말했다.

> "다만, 기독교는 하나님이 보내주신 예수님을 믿고 그를 통하여 우리의 죄를 뉘우쳐야 해. 그때 비로소 신에게 다가설 수 있어."

믿음과 소망, 사랑.
그중 제일은 사랑

"하지만, 기독교는 아무리 하나님을 믿으며 산다고 해도 힌두교처럼 감히 하나님이 될 수 있다고 생각하지 못해."

한스는 내 말에 얕은 한숨만 내쉬고 고개만 끄덕였다. 하지만, 미소를 잊지 않았다. 편안한 웃음도 보였다. 항상 느끼지만, 기독교인은 공통된 표정이 있었다. 온화하고, 사랑받고 있다는 그런 표정을 하며, 결코 성내본 적이 없다는 얼굴이다. 한스의 약간 까무잡잡하고 콧수염이 달린 얼굴에 딱 그런 이미지가 있었다.

"아무리 착한 일을 많이 하고 요가를 하더라도 예수님을 모르면 하나님께 가까이 갈 수 없어."

한스는 성경책을 넘겨보다가 다음 구절을 읽어주겠다고 했다.

"내가 좋아하는 구절이야. 수고하고 무거운 짐 진 자들아! 다 내게로 오라. 내가 너희를 쉬게 하리라."

최후의 심판 천장화(두오모 쿠폴라)

책을 덮으며 자신의 품 안주머니에 넣고 그는 이어 말했다.

"내 이웃에게 들려주고 싶은 이야기야. 그들의 무거운 짐을 받아
줄 수 있는 예수님이 계시지. 그분을 찾지 못하고 다음 생에서 좋
은 몸으로 태어나길 바라기만 하니. 정말 안타까워."

밤이 깊었다. 객실 불을 끄고 각자 자리에 몸을 눕혔다. 다른 객실도 모두
잠이 들었는지 우리 대화가 끝나자 기차 안은 조용했다. 서로 하고 싶은 말
이 있지만, 일순간 정적을 느끼자 우리가 너무 늦게까지 떠들었다고 생각
했다. 그런데 누구도 시끄럽다고 항의하는 사람이 없었다. 인내한 것일까
아니면 호기심을 가진 것일까?

믿음과 소망, 사랑.
그중 제일은 사랑

다음날 날이 밝았을 때 어느 간이역에서 기차가 멈췄다. 그 막간을 이용하여 소년들이 통로를 지나가며 물통에 담긴 물을 팔고 있었다. 마침 갈증을 느꼈지만, 물의 위생 상태에 대한 염려로 참았다. 여행하면서 마시는 물은 철저하게 미네랄워터를 사서 마셨다.

한스도 아침에 일어나서 갈증을 느꼈는지 소년에게서 물을 한 컵 사서 마셨다. 그는 내가 목마름에도 물을 먹지 않는 것을 보며 마셔도 괜찮다고 거듭 권유했다. 그의 호의에 고마웠고 그도 마시는 물을 오염된 물처럼 안 마시는 것도 예의가 아니어서 그 소년에게 물 한 그릇 달라고 했다. 인디언 소년은 2루피라며 양자기 그릇으로 물통에서 물을 퍼서 주었다. 5루피를 내밀자 기차가 조금씩 움직이기 시작했다. 객실 통로를 채운 상인들은 서둘러 기차에서 내렸고, 물을 팔던 인디언 소년도 서둘러 따라 내렸다. 한스는 잔돈을 못 받은 나를 힐끔 쳐다보며 왠지 미안한 표정을 짓는 것 같았다. 기차가 빨리 움직이기 시작했다.

기차가 떠나가는 중이라 잔돈 3루피는 포기했다. 그러자 밖에서 외치는 소리가 들렸다. 창밖으로 보니 물 팔던 소년이 기차를 쫓아서 끝까지 달려왔다. 그러더니 동전을 기차 안으로 휙 내던졌다. 옆에서 이를 지켜보던 한스는 어깨를 으쓱하며 동전을 주워서 3루피를 확인하고 내게 주었다. 마치 한 소년을 향한 자신의 믿음이 지켜졌다는 안도감 같았다. 그런 소년을 향한 자신의 믿음과 소망이 이루어진 후 그의 눈동자는 사랑으로 반짝였다.

한스처럼 이스라엘 민족도 아니면서 여호와 하나님을 믿을 수 있는 것은 전적으로 사도 바울 덕분이다. 예수님을 직접 모신 제자는 아니었지만, 바울은 로마와 그리스, 터키 등 다른 나라에 전도 여행을 하면서 유대인이든 아니든 모두 예수님 품 안에서 하나라고 설교하며 많은 신약 단편을 저술했다. 특히 고린도인들에게 보낸 첫 번째 편지 중 제13장 13절 '믿음, 소망, 사랑, 이 세 가지는 항상 있을 것인데 그중의 제일은 사랑이라.'란 구절은 교회를 다니지 않아도 누구나 암송하고 있다.

역에서 내려 율과 같이 플랫폼에서 기차를 기다리다가 연착되는 것 같아 앉아 기다리자며 돗자리를 꺼내 펼쳤다. 돗자리에서 모래가 우수수 떨어졌다. 안주나 비치에서 모래 위에 깔았던 돗자리라서 제대로 털지 않고 접었나? 그러다 문득 루까가 생각났다. 모래를 털지 않고 돗자리 위에 털썩 앉았다. 손바닥으로 모래의 까칠한 감촉을 느끼며 그녀를 떠올렸다. 모래를 쓰다듬는 나를 본 율은 안경을 잠시 매만지며 자기가 앉을 자리만 모래를 털고 앉았다.

이 모래는 그녀와 나란히 앉아 아라비아해를 바라보며 서로의 이름을 처음 부르고 젊은 사람이 가진 꿈과 앞으로의 불안과 기대를 이야기했던 곳에서 따라왔다. 그녀는 어디쯤 걷고 있을까? 함피에서 이제는 더 남쪽으로 내려갔으리라. 아마 스리랑카를 거쳐 미얀마 지나 메콩강을 따라가겠지.

문득 라훌라구나. 이것이 진정 라훌라라고 생각했다. 싯다르타가 죽음을 초월하는 진리를 깨닫고자 출가의 결심을 굳혔을 때 아내 야소다라가 그의 아들을 낳았다. 궁전의 모든 사람이 축하해주었을 때 싯다르타만이 홀로 슬픔에 잠겨 '오, 라훌라!'라고 탄식했다. 라훌라는 장애라는 뜻으로 구도의 길을 떠날 싯다르타 자신을 옭아맬 장애로 생각했다. 슬픔에 잠겨 말한 라훌라라는 탄식은 그대로 싯다르타의 아들 이름이 되었다. 루까. 그녀 이름은 여행에서 나의 라훌라였다.

믿음과 소망, 사랑.
그중 제일은 사랑

성모 마리아상(보라카이)

10.

이마에 곤지 찍어 가진

제 3 의 눈

초월자는 양미간에 제3의 눈을 갖는다.
인간 내면의 영혼을 볼 수 있는 눈이라 생각하고
수행을 오랫동안 쌓아야 가질 수 있다고 믿는다.

지혜의 탈리카

아마다바드에서 우다이푸르행 열차로 갈아타기 위해 대합실에 앉았다. 기다리는 동안 역사 한구석에서 시끌시끌한 소동이 벌어졌다. 역사 안까지 들어온 커다란 소가 먹을 것을 찾아 쓰레기통을 다 뒤집어놓고 있었다. 사람들은 뭐라 하며 역을 더럽히는 소에게 한마디씩 혼을 냈지만, 소는 개의치 않았다. 그 녀석이 멀리서부터 내 옆까지 어슬렁거리며 오자 먹던 바나나를 휙 던져주었다. 주섬주섬 먹더니 눈을 껌벅이며 감질나게 하지 말고 더 달라며 내게로 다가왔다. 소가 막상 다가오니 뒤뚱거리는 몸집이 하도 거대하여 나는 기겁하고 허둥지둥 자리를 떠버렸다. 그러자 소는 그 자리에서 멈춰 서고는 머리를 한두 번 흔들더니 주둥이를 내뜰며 투레질하곤 뒤돌아섰다.

소의 뚱뚱한 엉덩이가 씰룩이는 모습을 보았다. 빌어먹는 처지에 하필 몸은 육중하니 하루하루 어떻게 끼니를 때울 수 있는지 가련했다. 한편으론 사람도 야윈 곳에서 짐승만 그렇게 살찌는 것이 보기 좋지 않았다.

드디어 우다이푸르에 도착했다. 타르사막으로 가는 길은 뭄바이에서 아마다바드와 우다이푸르, 조드푸르를 거쳐 자이살메르까지 가는 여정이었다. 율과 처음부터 타르사막만 보고 다시 계획대로 동쪽으로 가기로 했지만, 한스가 우다이푸르만큼은 꼭 구경하라고 신신당부했다. 그는 우다이푸르가 인도의 베네치아라며 라자스탄의 채색도시 여행의 시발점이라고 했다.

　기차에서 조드푸르에서 왔다는 젊은 사람들과 어울리게 되었다. 이름은 칼리쉬, 어만트, 로케쉬, 라지라고 소개했으며, 조드푸르 자티야 마을 동네 친구라고 했다. 생긴 건 나보다 나이가 훨씬 많은 것처럼 보였건만, 제일 큰형이라는 라지는 머리숱이 없어도 이제 22살이라고 했다. 라지는 라자스탄주의 도시마다 각각 대표하는 색이 있다고 했다. 자기들이 사는 조드푸르는 블루시티로 온통 집마다 파란색으로 칠해져 있고, 자이푸르는 핑크로 덮여 있어 핑크시티로 불리고, 우리가 가려 하는 자이살메르는 사막의 금빛 모래와 같은 벽 때문에 골드시티라고 불린다는 것이다. 그러면서 여기 우다이푸르는 많은 궁전과 사원이 하얀 대리석으로 지어져 화이트시티라고 했다.

　우리는 여섯 명이 탈 수 있는 마차를 하루 대여했다. 먼저 우다이푸르 시내에 넓게 자리 잡은 호수를 둘러봤다. 마차 안에서 칼리쉬가 그 호수 이름이 피촐라 호수라고 했다. 그리고 우다이푸르가 인도에서 가장 낭만적인 도시라며, 궁전은 하얀 대리석 건물로 지어져 무척 아름답고 인도인들도 이곳에 신혼여행을 많이 온다고 했다.

　그의 설명을 들으며 마차 타고 호수 주변을 돌아다녔다. 호수 주위로 궁전과 사원 등 고풍적인 건축물이 줄지어 있었다. 라지가 호수에 떠 있는 궁전을 가리키며 따즈 레이크 팰리스라고 했다. 우리는 호수를 떠나 이 근방에서 가장 크고 화려하다는 우다이푸르 시티 팰리스 궁전에 갔다. 사막지대에 건축된 궁전 중 가장 으리으리했다. 대리석으로 섬세하게 조각된 벽면 장식과 창문 주위로 아름답게 치장된 무늬를 보며 이국적인 신비로움이 느껴졌다. 대리석을 섬세하게 조각하여 만든 궁전은 여러 문양의 글라스로 뒤덮인 흰색 건축물이었다. 궁전에 들어가서 잠시 그 시대의 영화와 풍요로움을 생각했다. 궁전에는 이슬람 양식과 인도 양식, 유럽 양식이 뒤섞이면서도 뭔가 조화로워 보였다. 여러 건축 양식이 있다는 건 지배자가 많이 바뀌었을 것이란 생각도 들었다. 그동안 이 궁전을 뺏고 지키기 위해 치른 많은 전투와 죽음의 피비린내가 맡아졌다.

▼
우다이푸르 시티 팰리스

시티 팰리스 내 위치한 박물관에서 왕의 여러 소장품과 초상화도 보고 나온 후 인디언 친구들 안내로 작디쉬 힌두 신전에 들어섰다. 사원 입구에는 거대한 코끼리 석상이 우리를 맞이했다. 사원 외벽에 여러 신의 형상이 정교하게 새겨져 벽면을 촘촘하게 메웠다. 사원 안에는 비슈누와 가네샤, 시바 신을 비롯한 여러 힌두 신을 모시고 있었다. 많은 인디언이 신전에 모여 신을 위한 찬송가를 부르고, 성물 곳곳에 형형색색의 꽃잎으로 헌화했다. 인디언 친구들은 율과 나의 이마에 물감으로 점을 찍어주었다. 두 볼에다 붉은 점을 마저 찍어주면 시집갈 새색시 모습이었다. 우리나라에서 연지와 곤지를 찍는 것이 악귀를 물리치는 주술적인 의미가 있다면, 인도에서 이마에 탈리카를 바르면 소원을 이루고 지혜를 얻을 수 있다고 믿는다. 율도 부처님 이마에 미간 백호가 있어 빛으로 세상을 밝히신다고 했다.

"너의 세 번째 눈이 영혼을 볼 수 있도록 할 것이다."

율과 나는 서로의 이마에 붉은 점이 찍힌 모습을 보며 환하게 웃었다. 그들은 이마에 찍은 점을 탈리카라고 부르며 새로운 눈을 달아 주었다고 했다. 우리는 힌두 신을 찬양하는 사람들 속에 파묻혀서 노랗기도 하고 주황색 같기도 한 꽃을 신전에 바쳤다. 국화 같은 모양의 꽃송인데 마리골드라고 했다. 어떤 사두는 마리골드로 엮은 꽃목걸이를 걸고 지나가기도 했다. 피부가 다르고 언어가 다르고 종교가 달라도 우리는 꽃송이를 뿌리며 신을 찬양했다.

제3의 눈을 달고 있는 사두는 세상을 이렇게 말한다.

이마에 곤지 찍어 가진
제 3의 눈

영원히 행복하게 사는 방법은 착한 일을 하는 것이다.
생과 사를 반복하며 업에 따라 좋은 몸이나 나쁜 몸을 받는다.
이승의 삶은 찰나이고 내세의 삶은 무궁하므로
이승에서의 부귀영화는 부질없다.

힌두교에서 믿는 신 중 최고의 신은 브라마와 비슈누, 시바이지만, 복을 받고 안 받고를 결정하는 것은 신에 대한 믿음보다 개인이 현생에서 쌓은 카르마가 제일 중요하다. 현재는 과거에 행한 행실이고 미래는 지금 행하는 행실로 결정된다. 기독교는 예수님을 통하여 죄를 용서받을 수 있지만, 힌두교에서는 신이라 해도 구원할 수 없다. 오로지 자신이 한 행동에 대한 대가는 카르마로 남아 후생에 철저하게 되돌아온다. 아무리 뉘우쳐도 자신이 저지른 대가는 반드시 받아야 한다.

이마의 물감이 아직 지워지지 않은 율과 힌두교의 화려한 신들에 관하여 대화를 나누다가 그에게 뜬금없이 물어봤다.

"율아! 불교는 신을 믿는 종교냐?"

창가에 기대어 풍경을 바라보던 그는 나를 물끄러미 쳐다보았다. 잃어버린 신앙을 고백하는 자를 대하는 것처럼 의구심이 짙게 드러난 표정이었다.

"기독교나 힌두교 모두 신께 엎드리고, 인간의 영혼을 믿잖아. 그런데 불교는 신이 있다거나 영혼이 불멸한다고 말하지 않잖아."

"무슨 소리야? 부처님이 신이 아니라니? 하기야, 부처님은 신보다 더 높은 존재지. 여러 신이 불법을 수호하고 있으니까. 영혼이 없으면 어떻게 전생과 후생에서 윤회할 수 있냐?"

"아냐. 부처님은 제자들에게 자신은 신이 아니라고 거듭 말씀하셨어. 나를 믿지 말고 가르침을 따르라고 하셨다고. 아무리 지극 치성으로 기도드려도 법에 어긋나는 일은 일어나지 않는다고."

율이 침묵하자 나도 더는 말을 잇지 못했다.

▼
세상의 절반도 못 보는 말 눈가리개

이마에 곤지 찍어 가진
제 3의 눈

사원에서 나와 마차를 타고 시내를 돌아다니다가 어느 공사현장을 지나쳤다. 공사장에서 많은 인디언이 일하는 모습을 물끄러미 바라보았다. 인도 여행에서 가끔 도로 공사하는 곳을 보았다. 그때마다 느끼는 점은 가족 단위로 아무런 중장비 도움 없이 일한다는 것이었다. 포클레인이나 불도저는 고사하고 트럭도 볼 수 없었다. 여자와 어린이들이 뒤섞인 사람들은 바구니에 모래와 자갈을 이고서 작업했다. 지금이 어느 시대인데 뙤약볕 아래 안전모 없이 망치로 커다란 돌을 쪼개고 바구니로 운반을 하나 싶었다. 일자리를 나누어주려고 일부러 인력시공을 하는 건지, 아니면 사람 품값이 기계보다 더 저렴해서 부려먹는 건지 알 수 없었다.

문득 공사장에서 일하는 한 인디언 여인과 눈이 마주쳤다. 그녀는 고운 사리를 입고 있으면서도 공사장에서 바구니에 모래를 퍼 담아 나르는 중이었다. 그녀는 호미도 없이 손으로 모래를 부지런히 퍼 담았다. 바구니를 머리에 이려고 고개를 든 순간, 마차에서 일행들과 담소를 나누며 함박웃음을 짓는 우리를 바라보았다. 나는 물끄러미 쳐다보는 그녀의 눈을 피하지 않았다. 멀리서도 하얀 눈동자가 빛나고 있는 것처럼 보였다. 마주친 그녀의 눈동자는 맑았지만, 눈빛은 애처로웠다. 한없이 깊은 슬픔이었다. 그녀는 흙먼지가 날리는 바구니를 머리에 인 채 멀어지는 우리를 우두커니 쳐다보았다. 나는 이내 웃음을 멈추고 표정이 굳어졌다. 붉은 사리가 희미하게 사라질 때까지 멍하니 바라보았다.

우다이푸르를 떠나는 밤 열차 바퀴 소리는 요란했다. 규칙적이라 귀에 거슬리지 않았다. 덜커덩거리는 진동을 느끼며 상념에 잠겼다. 그동안 절에 머물며 배웠던 부처님의 불성이 인간의 본성에 있다는 말은 단지 힌두교 교리에서 온 게 아닐까 생각했다.

　요가와 고행을 통해 신이라는 절대적인 존재인 브라만과 개인 영혼의 아트만이 하나가 되어야 한다는 것은 힌두교 교리의 핵심이다. 우주를 창조한 절대적인 존재 브라만이 여리고 여린 인간의 영혼 아트만과 같다는 것은 인간의 본성이 우주의 궁극적인 존재라는 것이다. 듣기엔 신비롭지만, 부처님은 절대적인 것에 대한 허무를 말씀하셨고, 개인 영혼이 없는 무아도 말씀하셨다. 브라만과 아트만이 원체 있지도 않았고, 그런 합일로 가기 위한 고행과 깨달음의 단계가 있다는 것에 대하여도 인정하지 않으셨다.

　혹시, 싯다르타는 당시 인도 지배층과 피지배층의 극심한 계급 차이를 허물기 위해서 브라만과 아트만을 부정하지는 않았을까 하는 생각이 들었다. 그러면 아트만은 브라만을 향해 조금씩 가까워지는 단계가 없어지므로 카스트라는 계급 제도 자체가 소멸하고 말 것이다. 빈부격차가 극심했을 시기 부처님이 무아를 말한 것은 아트만을 부정하여 브라만을 깨뜨리고, 카스트라는 악습을 없애려고 하신 것이 아닐까 싶었다. 그러면 싯다르타는 불평등한 사회구조를 바꾸기 위한 혁명가가 아니셨을까? 생각이 여기까지 미치자 마음이 두근거렸다.

　열차는 철컹철컹 시끄럽게 울면서 밤새 레일 위를 달렸다. 열차 안에서 이런저런 상념을 하니 밤이 늦었다. 간질간질한 양미간이 가려워 긁고는 잠을 청했다.

11.

조드푸르에서 일어난 휴머니즘

신이 세계를 지배하는 사회에서
신보다 인간의 가치를 더 높이는 운동은
참다운 인간성의 회복이다.

신본주의와 인본주의

블루시티라 불리는 조드푸르 어느 곳에서든 바라볼 수 있는 성이 있다. 바로 높은 바위산 위에 세워진 메흐랑가르 성이다. 성은 바위와 자연스럽게 한 덩어리가 되어 철옹성 같은 요새처럼 보였다. 율과 나는 메흐랑가르 성을 향하여 자전거 페달을 열심히 밟았다. 자전거를 맡기고 들어간 메흐랑가르 성은 멀리서도 위압적이었다. 가까이 다가가니 규모가 더더욱 웅장했다.

감히 이방인이 넘볼 수 있는 성이 아니었다. 어떻게 바위 절벽 위에 그 바위보다 더 험준하게 성을 지었는지 감탄했고, 그런 성곽과 대비되는 성 위 궁전은 화려하고 아름다웠다. 창문은 대리석으로 조각을 하여 무늬를 새겼고, 아래에서 올려다보니 바깥으로 내민 테라스 구조로 되어 쏟아져 내릴 듯했다.

성문으로 들어서니 전쟁 상흔으로 보이는 흔적들이 성벽에 여기저기 아로새겨져 있었다. 치열한 전쟁이 있었겠다는 생각이 들었다. 만약 적군의 입장이라면 이 위압적인 성을 정복할 수 있다고 생각하고 몰려왔을까? 필시 그 졸병들은 오늘은 죽는 목숨이라 생각하고 하늘을 시커멓게 물들이며 날아오는 화살에 절망했을 것이다. 반면에 이 성을 지키는 군졸들도 조드푸르 평야 한가운데 홀로 우뚝 솟은 바위산이라는 것이 난공불락이라 하여도 한번 포위를 당하면 도망가지 못하고 결국 성안에서 꼼짝없이 죽어야 하는 신세라 불안했을 것이다.

메흐랑가르 포트 정상에 올랐다. 성곽 주변으로 대포가 도열하고 있고 포구는 시내를 향하고 있었다. 조드푸르를 블루시티라고 부른 이유를 성 위에서 보니 실감했다. 모든 집이 파란 페인트로 칠해진 것이 인상적이다. 도시 전체가 푸른 물결로 넘치고 하늘도 푸르렀다. 도시 끝 경계 이후부터는 삭막한 돌과 바위뿐인 황무지였다. 마치 사막의 오아시스처럼 이 도시만 파란색을 띠었다. 도시 내 구릉지 한가운데 솟아 있는 포트는 그 규모가 매우 웅장하여 놀라울 뿐이었다. 대단한 도시였다.

▶ 조드푸르
메흐랑가르 성

조드푸르에서 일어난
휴머니즘

율은 굉장하다며 가방에서 카메라를 꺼내어 사진을 연거푸 찍어 댔다. 옆에서 나란히 성 아래를 내려다보던 한 인도인이 말했다. 그의 긴 콧수염이 멋있게 휘날렸다.

"하늘로 블루, 도시도 블루. 왜 도시가 파란색인 줄 알아?"
"우다이푸르를 지날 때 그 도시를 화이트 시티라고 불렀지. 정말 도시가 하얀 대리석으로 세워졌어. 여기도 집 벽면마다 파랗게 칠해서 그런 것 아닌가?"

그에게 이미 알고 있는 이야기라는 듯 미소를 지었다. 혹여나 투어가이드 할 생각은 하지도 말라는 암시였다. 그는 고개를 끄덕이며 자기가 원하는 대답이 아니라는 듯 부연 설명을 해주었다.

"파란색은 시바 신을 상징해. 옛날 신들이 악마와 싸울 때 악마를 죽이기 위하여 매우 강한 독을 만들었지. 그런데 실수로 그 독이 세상에 흘러내려 버렸어. 이때 세상이 파괴될 것을 걱정한 시바 신이 그 독을 삼켰다. 그 독 때문에 시바 신의 몸이 파랗게 변해버렸지. 그래서 파란색은 신성한 색이라 생각하게 되었고 그 후 도시는 집마다 파란색으로 칠했지."

듣고 보니 왜 파란 도시냐는 질문에 파래서 파란 도시라고 대답한 셈이었다. 현상을 피상적으로 이해하기만 한 경솔함이었다. 잘 알지도 못하면서

다 안다고 착각하는 일이 살면서 얼마나 많았을까 싶었다.

조드푸르에서 율과 함께 자전거를 빌려 시내 투어를 했다. 여행 중 항상 짐처럼 매던 배낭을 맡기고 자전거로 시내를 돌아다니니 그렇게 홀가분할 수 없었다. 율과 나는 서로 앞서거니 뒤서거니 하며 페달을 밟으며 조드푸르의 좁은 골목을 누볐다. 우리가 지나갈 때마다 인도 아이들은 낯선 이방인이 신기한 듯 소리 지르며 쫓아다녔다. 나무를 기어오르는 다람쥐와 길 가던 사람들이 멈춰 서서 우리를 부러운 시선으로 바라보았다.

▼
조드푸르 블루시티

조드푸르에서 일어난
휴머니즘

우리는 유쾌한 웃음을 지으며 골목마다 어슬렁거리는 개와 낙타, 염소 사이를 조심스럽게 피해서 달렸다. 날도 좋았고 바람도 자전거 페달을 밟을 때마다 시원하게 불어왔다. 여행자처럼 바람처럼 아무런 애욕이나 근심 없이 스쳐 지나듯 살 수 있다면 얼마나 좋을까! 조드푸르를 지나쳤다면 정말 아쉬웠을 것이다. 사막으로 가는 관문으로서만 생각했지, 도시 자체에 담긴 매력을 어떻게 지나치려 했단 말인가.

골목 사이를 누빌 때마다 도시의 집마다 온통 푸른색이었다. 16세기 당시에 브라만 계급이 자신 계급 위치를 자랑하고 싶어서 브라만이 사는 집은 푸른색으로 칠했다. 그것을 크샤트리아 계급부터 바이샤 계급 사람들까지 하나둘씩 따라 하다 보니 어느새 도시 전체가 푸른색 물결이 됐다. 브라만 계급도 아니면서 감히 파란색으로 집을 칠하다니, 무엄하다며 요절낼 수 있겠지만, 집이 낡아서 페인트칠한다는 데 무슨 시비냐고 한다면 할 말이 없을 것 같다. 또 혹여나 네 집만 빨간색으로 칠하라고 하기에는 그건 또 특권을 부여하는 것이라 대답하기 궁색하다.

다행이다. 사람 본성이란 어느 나라라고 다를까 싶었다. 지렁이도 밟으면 꿈틀한다. 밟힌 사람이 밟은 사람에게 복종하는 것은 가능해도 어떻게 존경할 수 있을까 생각했다. 그런데 이것을 가능하게 하는 것이 종교였다. 이곳에서 하층계급으로 손가락질당하고도 손가락질하는 사람을 미워하지 않고, 되레 다음 세상에 그들과 같이 되겠다는 생각을 엿보며 굴종하는 삶이 종교적인 삶으로 포장될 수 있다는 것에 절망했다. 우리나라 같으면 김남주 시인의 시 「낫」처럼 주인이 낫 놓고 ㄱ자도 모른다고 종을 깔보면 종이 주인의 모가지를 낫으로 베어버렸을 것이다. 자유를 얻고서 자유인이라고 하지 않고, 자유를 위하여 싸울 때 자유인이라고 말할 수 있다.

사회의 악습인 카스트제도에 순응하여 한 번뿐인 현생을 포기하고 다음 내생을 기약하는 모습에 계급의 사슬을 끊을 수 있는 낫을 그들 스스로 놓는 것 같아 답답했다. 윤회가 없고 현생이 정말 생명이 있는 단 한 번뿐이라고 하면 현생의 자유를 위하여 싸울 수 있을까? 아니면 현생의 고통에 더욱더 절망할까?

그런데 여기 조드푸르에서 집마다 파란색을 칠하는 것이 아무리 신에 복종하는 인도인이라고 해도 계급에 대한 저항의식과 지배계급 브라만을 조롱하는 것 같았다. 파란색이 유쾌하게 다가왔다. 신의 피조물이라고 백 번 인정해도 신 중심의 사회보다 인간 중심의 사회가 인간의 존재 가치를 더 중요하게 여기는 것은 정말 당연하다.

보수적인 기독교 도시 테네시 주 법정에서 변호사 대로(Darrow)는 사회가 성경 공부를 가르쳐야 한다면 코란, 모르몬 경전, 공자나 부처의 경전, 에머슨의 수필은 왜 안 되는지에 관해 역설했었다. 또 갈등과 증오, 잔혹한 전쟁의 원인 중에 종교만 한 것이 또 있냐며 외치기도 했다. 정말 사람이 없으면 집은 빈집일 뿐이다. 아무리 화려한 집이라도 빈집은 공허하다.

골목에서 소 네 마리가 발걸음을 부지런하게 움직이며 어딘가로 가고 있기에 그 녀석들을 따라갔다. 인도 거리에 있는 소들은 한 마리씩 도로든 철도든 서두르는 법 없이 태평하게 걸어 다녔다. 여기에서는 어째 여러 마리가 우르르 몰려다니는 것인지 궁금했다. 우리가 자전거로 천천히 소들을 따라가자 동네 골목마다 아이들이 재미있다는 듯이 구경하며 따라 나왔다. 작은 골목에서 우리는 아이들과 소들과 뒤엉켜 소 뒤를 쫓아 동네 몇 바퀴를 돌았다. 하지만, 결국 소들이 어디 목적이 있어서 가는 것이 아니고 그냥 동네 마실을 가는 것처럼 정처 없이 돌아다닌 것임을 알고 허탈했다. 소 뒤에서 휘젓는 꼬리를 보며 따르릉따르릉했더니 소가 멈춰서 뒤돌아보았다.

'어디 바삐 가는 거냐? 너도 바쁘게 갈 곳이 있었냐?'

'음매.'

'너도 무리를 짓는구나. 난 네가 네 머리의 뿔처럼 오직 혼자서 걷는 줄만 알았다. 친구에 대한 애착은 무성한 대나무가 엉켜 있는 것과 같으니 서로 달라붙지 않도록 하지 않았냐?'

'음매.'

'네가 또한 숲속에서 묶여있지 않은 사슴이 다니듯이 오직 홀로 걸으며 지혜를 찾으라고 했다.'

'음매.'

'어디로 가는 거야? 도대체 갈 곳이나 있기는 하고 가는 건가?'

'음매.'

무리 지어 골목을 어슬렁거리는 소 떼

12.

신은 남자를 먼저 만들었을까?

신을 섬길 때 젠더 차별이 있는 것은
종교의 중심부에서 권력을 가진 사람들이
인간의 이기적인 본성에 휘둘리기 때문이다.

젠더와 종교

성문에서 나와 좁은 골목길을 다녔다. 여러 물품과 기념품을 파는 가게 사이로 사람들이 북적대어 자전거에서 내렸다. 다양한 모습의 사람을 보고 온갖 물건을 구경하며 골목을 빠져나오니 대학교인 듯한 반듯한 건물들이 보였다. 캠퍼스 앞 넓은 잔디밭에는 학생들이 폴로를 즐기고 있었다. 울타리 밖에서 공을 치며 달리는 그들을 물끄러미 바라보았다. 어디든 젊은 사람이 모인 곳은 유쾌한 웃음소리가 끊이지 않는다. 내가 폴로 게임을 보며 재미있어하자, 옆에서 이 학교 학생인지 한 인도 여성이 내게 인사를 했다. 그리고 목마를 것 같다며 코코넛을 주었다. 어느 도시든 인도인은 여행자에게 친절했으며 호기심을 갖고 먼저 말을 걸어왔다. 하지만 청바지를 입고 블라우스를 곱게 걸친 인도 여인이 먼저 인사하는 경우는 드물었다. 그녀의 친절에 고마워하며 코코넛을 넙죽 받았다.

그녀의 첫 인사말은 일본어였다. 우리가 한국에서 왔다고 하니까 이내 곧 영어로 이야기했다. 그녀의 영어 발음은 그동안 들었던 인도인의 억센 억양이 아니었고, 원어민처럼 자연스럽고 부드러웠다. 그녀는 자신 이름을 헤라라고 소개하며 알파벳 철자를 또렷하게 불러주었다. 자전거를 몇 시간

탄 지라 마침 갈증도 있었다. 그녀가 건네준 코코넛이 비록 차갑진 않았지만 시원하게 마실 수 있었다.

그녀에게 고맙다는 인사를 하며 조드푸르에 살고 있는지 물었다. 고개를 끄덕인 헤라는 왜 한국인은 먼저 인사를 안 하냐고 핀잔 비슷하게 말했다. 그러면서 우리에게 성을 둘러보고 온 것이냐고 물어봤다. 우리는 메흐랑가르 성에서 내려와서 사다르 바자르까지 방금 구경하고 여기까지 왔다고 했다. 무엇이 인상적이냐는 말에 가파른 바위에 쌓은 성곽이 매우 튼튼해 보였고, 그 위의 궁전은 매우 아름다웠다고 말해주었다. 그러자 궁전 안으로 들어갈 때까지 성문을 통과하면서 각각의 문에 얽힌 이야기도 들어봤냐고 물어봤다. 딱히 성곽과 대포, 궁전 이외에는 생각나는 것이 없었다. 헤라는 혹시 문 옆에 붉은 손자국들을 보지 않았냐고 물어봐서 우리는 고개를 가로저었다.

그녀는 그것을 왕이 죽었을 때 그의 부인 31명이 죽은 남편과 함께 불 속으로 뛰어 들어가기 직전 손도장을 찍은 사띠의 흔적이라고 설명했다. 사띠의 뜻을 몰라 되물었다. 그녀는 사띠가 옛날 시바 신을 위해 불에 타 죽은 시바의 부인으로 정숙한 아내란 뜻이라 했다. 지금은 남편이 죽고 화장할 때 부인이 장작더미로 뛰어들어 같이 죽는 의식이라 했다.

그런 문화는 우리나라도 남편이 먼저 죽었다고 같이 따라 죽으면 열녀문을 세운 이력이 있어서 딱히 뭐라 말하지 못했다. 조선 시대만 해도 열녀문을 세우기 위하여 미망인에게 자결을 강요하지 않았던가! 한자로 미망인이란 말 자체가 아직 죽지 않은 부인(未亡人)이란 뜻이니 말이다. 그녀는 얼굴빛이 살짝 어두워지며 사띠가 아직도 인도에 남아 있다고 말했다. 우리가 자못 무거운 표정을 짓자 그녀는 괜한 이야기를 했다는 듯 분위기를 전환하며 입을 열었다.

"나는 한국인을 좋아해. 왜냐하면, 나는 일본인을 참 좋아하는데 한국인이 일본인을 닮았거든."

그녀의 검은 머리카락은 길고 찰랑거렸으며 뒤로 묶여있었다. 이목구비가 아주 뚜렷하고 콧날은 매우 오똑했다. 작은 얼굴에 눈망울도 커서 상당히 귀여운 모습이었다. 난데없이 한국인이 일본인을 닮아서 좋아한다는 말에 어처구니없게 느껴졌다. 그런 맹랑한 표현을 서슴지 않고 하길래 의아한 표정으로 그녀에게 되물었다.

"일본이 그렇게 좋아? 난 한국이 일본보다 더 가까운 줄 알았다. 우리는 식민지 아픔도 같이 겪었잖아."
"그렇긴 해도 인도가 영국과 독립전쟁을 할 때 일본은 우리 편이 되어줘서 함께 싸웠지."

조드푸르 캠퍼스 크리켓 경기

　　나는 그녀가 이 무슨 해괴한 소리를 하는지 답답했다. 일본이야말로 대
동아공영권이란 그럴듯한 말로 아시아를 침략하여 식민지로 삼고 수탈했
다. 독립투쟁을 지원했다는 것은 터무니없었다. 하지만, 코코넛까지 주면서
낯선 이방인을 환대해준 그녀에게 괜히 시비 거는 것 같아 조심스럽게 말
했다.

　　　"인도가 영국과 독립전쟁을 했다고? 간디의 비폭력주의로 독립하
　　　지 않았나?"
　　　"정말 간디의 비폭력으로 영국으로부터 독립했다고 생각하니? 자
　　　유가 피를 흘리지 않고 가능하다고 생각해?"

　　그녀의 동그란 눈이 더욱 동그래졌다. 눈동자가 정말 검고 깊었다. 그녀

신은 남자를 먼저
만들었을까?

가 말하길, 찬드라 보세가 이끄는 인도 독립군이 영국에 맞서 싸웠기 때문에 독립할 수 있었다며, 일본이 인도를 도와 피를 흘렸다고 했다.

그녀로부터 전혀 다른 세계관을 듣고는 만약 일본군이 인도에 갔다면 인도마저 식민지로 삼았을 것이라고 볼멘소리로 말했다.

"한국과 일본은 인도처럼 같은 민주주의 국가 아니냐. 아시아에서 민주주의 국가 별로 없다. 서로 사이좋게 지내야지."

나는 아무런 대꾸도 하지 않고 코코넛 주스를 마시기만 했다.

캠퍼스의 넓은 잔디밭에는 폴로 말고도 크리켓을 즐기는 인도 대학생 한 무리도 있었다. 방망이에 공이 딱 하고 부딪치는 소리가 경쾌하게 들렸다. 우리의 시선이 그리로 몰렸고, 선수들도 공을 잡으러 몰려들었다. 선수들은 물론 뒤에서 응원하는 사람들 모두 남학생이었다.

한동안 펜스에 기대어 크리켓 경기를 구경했다. 헤라가 우리를 집에 초대한다고 집에 가자고 했지만, 아쉽게도 저녁 자이살메르로 떠나는 기차를 예매한 터라 거절했다. 그녀와 의견이 너무 달라 대화를 더 나누었다가는 불편한 앙금만 남을 것 같았다.

골목마다 단층집들이 수백 년의 사람이 살던 모습 그대로 남아 있고, 그곳에 사람들이 분주히 오갔다. 골목길은 우리나라처럼 골목대장 같은 한 아이를 중심으로 아이들이 웃으며 뛰어놀았다. 공원도 놀이터도 없지만, 아이들은 항상 재미있는 놀이를 만들고 동네를 웃음소리가 넘치게 했다. 맨발로 해진 옷을 입든, 다림질한 교복을 입든, 예쁜 사리를 걸쳐 입든, 아이들은 서로 어울리며 뛰어놀았다. 집 대문 앞에 쭈그려 앉아 있는 노인들은 그런 아이들을 주름진 눈으로 보며 비비를 이가 없어 쪼그라진 입으로 빨아댔다.

활기찬 골목길에서 나오니 높은 고층의 궁전이 나타났다. 사막의 궁전 답게 화려하게 벽면과 테라스가 치장됐다. 마하라자 궁전이라고 했는데 자 이살메르 성안에 사람들이 사는 것처럼 궁전에도 사람이 살고 있다고 했 다. 궁전 밑으로 지나가며 고개를 들어 테라스에서 기대어 있던 여인과 눈 이 마주쳤다. 파란 천으로 온몸을 뒤집어쓰고 눈과 눈썹만 그물망에 드러 날 정도였다. 어차피 성 밑에서 봐도 제대로 볼 수 없었다. 그녀는 노출되지 않는 이슬람식 옷을 걸쳐 입었다. 아마 궁에 들어와서 궁 밖을 제대로 나가 지 못하고 창가에서 하염없이 거리를 바라보며 자유로운 여행자들을 살펴 보는 것이 낙일 듯 싶었다.

▶ 라자스탄
마하라자 궁전

더 먼 옛날에는 어쩌면 성을 내려다보는 아름다운 여인과 그 여인과 눈이 마주친 한 젊은 사내의 러브스토리가 있었을 듯싶다. 호기심 많은 젊은 여인은 자신의 미모가 드러나지 않게 고운 천으로 몸을 가렸지만, 깊고 검은 아름다운 눈은 채 가리지 못했을 것이고, 그 눈과 마주친 겁 없는 젊은 이는 한밤중에 궁전 벽을 올랐을지도 모른다. 천년 세월 동안 그 성벽을 기어 올라가서 궁에 갇힌 가련한 여인에 입을 맞춘 용기 있는 자가 없었을까? 그런데 있었다면 그 결말이 비극이든 희극이든 사막의 시인은 그를 위하여 노래하며 그 노랫말은 구전되어 문학작품으로 후세에 남겨졌을 것이다.

엄격한 신분 질서의 사회에서 그런 짓을 도모하기에는 길거리에서 자주 행해지는 사형집행과 몸뚱이를 잃은 머리통들이 젊은 사내들의 설렘을 단박에 깨칠 것이다.

문학뿐만 아니라 종교계에서 여자는 그저 남자를 유혹하는 존재에 불과했다. 모든 인간은 신으로부터 사람을 받는다고 말하는 힌두교의 구루도 여자는 끼어들지 못했다. 자이나교조차 여자는 수행자를 유혹하는 존재로 여겨 제자로 받아들이지 않았다. 기독교도 예수님 품 안에서 모두 하나라고 하지만, 정작 여성 사제는 없다. 결국, 여성과 남성의 차이는 사회문화적인 젠더 차별이었다.

성곽으로 오르는 길에는 히잡을 쓴 여인들과 종종 마주쳤다. 사막의 라자스탄은 이슬람의 영향력으로 지금도 힌두교 국가 인도에서 많은 이슬람 신자가 살고 있다는 것을 실감했다. 그녀들이 입는 옷을 보고 생각건대, 이슬람교도 여인들이 입는 전통 복장은 서유럽으로서는 논란거리가 되기도 한다. 유럽 여러 나라에서는 이슬람 여성들이 부르카를 입는 것을 금지하는 법을 만들기도 했다. 그들은 여성의 이슬람식 복장을 여성억압의 상징처럼 여겨 속세에서 이슬람이 갖는 사회적 지위와 권위를 걷어내려는 것이다. 반면에 이에 반발하는 사람은 히잡이나 부르카 등의 옷들은 이슬람의 전통문화라고 말한다. 일부 보수적인 모슬렘은 여성이 자신의 몸을 드러내는 것은 남성을 성적으로 유혹하는 것으로 생각한다. 그래서 보수적인 이슬람 문화일수록 히잡을 넘어 니캅이나 부르카를 뒤집어써서 여성의 몸을 뒤덮었다.

사실 우리도 조선 시대까지 아녀자가 외출할 때 쓰개치마를 뒤집어써서 남정네의 시선을 피하며 외출했었다. 기독교도 여성은 아담이 창조주의 뜻을 거역하게 만든 죄가 있어 불완전한 존재로 보았다. 그런 성차별은 남자에게 순종하지 않는 여성들을 마녀로 여겨 화형에 처했다. 특히 아름다운 여자는 아담을 유혹한 이브처럼 남자들을 유혹한다고 마녀로 몰려 잔혹하게 죽었다. 문득 사람과 사람 사이 차별이 극심하던 시대에 부처님이 부자나 가난한 자나 남자나 여자나 모두 평등하다고 말씀하신 것은 얼마나 놀라운 일인가 싶었다. 부처님은 당시 계급과 젠더 차별이 극심한 풍습에서 여인을 제자로 받아들이며 말씀을 실천하셨고, 누구나 깨달음을 얻으면 부처라고 말씀하셨다.

점점 가팔라지는 골목길을 오르다 잠시 쉬었다가 갈 겸 걸음을 멈추었다. 멈춘 발걸음과 함께 길을 내려오는 한 여인과 잠시나마 눈이 마주쳤다. 진한 눈썹 화장과 설핏 반짝이는 눈망울을 보았다. 여인의 눈빛과 표정에서 감출 수 없는 아름다움과 호기심이 넘쳐났다. 저절로 발그레 웃음이 나왔다.

마을 어귀 연못가와 사색에 잠긴 여인

13.

쥐를 어떻게 신으로 모시겠느냐고요?

동물을 숭배하는 토테미즘은 종교의 시발점이다.
원시 시대 덩치 큰 짐승은 두려움의 대상이었으며
그 두려움이 발전해서 신앙이 되기도 했다.

원시 신앙 토테미즘

　　인도 북서부에 있는 자이살메르는 한때 파키스탄을 넘어 중앙아시아, 유럽으로 이어진 교역로 중 가장 번성했던 사막의 도시였다. 하지만 해상 무역이 발달한 후 사막의 교역로는 쇠퇴했다. 도시는 쇠잔해 졌고, 이제는 여행객이 낙타를 타기 위해 올 뿐이다.

　자이살메르 기차역에 도착한 후 게스트하우스에서 배낭을 내려놓기까지 모든 과정은 눈 깜짝할 사이에 이루어졌다. 기차역 플랫폼에서 내리자마자 우리는 호객꾼들에게 둘러싸여 이리 떠밀리고 저리 떠밀렸다. 다른 여행객도 마찬가지였다. 한바탕 벌어진 아우성 속에 산적같이 덩치 큰 한 남자가 양손으로 우리 배낭을 낚아챘다. 그는 우리보고 다짜고짜 따라오라며 역 밖으로 성큼성큼 나갔다. 우리는 배낭을 달라며 소리도 질렀지만, 결국 끌려가다시피 이끌려 그가 세운 오토릭샤에 타고 말았다. 인파를 요리조리 헤치고 달리던 오토릭샤는 우리를 한 게스트하우스에 내려놓았다.

　순식간에 일어난 일이라 방 열쇠를 받고 나서야 비로소 제대로 예약이나 한 것인지 혹시 잘못된 것은 아닌지 불안해했다. 하지만 이내 곧 링고 게스트하우스에는 여러 여행자가 모여 있고 수다스러울 정도로 쾌활한 그들을 보고 제대로 온 것 같아 안심했다.

게스트하우스 내부는 노란색과 빨간색으로 알록달록 화려하게 채색되어 있었다. 벽마다 공작이나 원숭이 그림이 그려져 있었는데, 집주인이 인테리어비용을 아끼려고 직접 그린 것 같은 어설픈 솜씨였다. 현관 안쪽에는 넓은 공간이 있고 더 안쪽으로 들어가면 여행자들의 방이 배열된 구조였다. 가운데 회랑에는 사람들이 방금 아침 식사를 끝냈는지 서로 차를 마시며 이야기를 나누고 있었다.

우리가 배낭을 풀고 안쪽 회랑에 모이자 옆에서 뉴질랜드에서 왔다는 일행과 자연스럽게 담소를 나누었다. 그중 제즐이라는 친구는 무려 2년 동안 인도를 돌아다닌다고 했다. 그래서 그의 영어 발음도 인도인처럼 또박또박 끊어지는 분절음처럼 들렸다. 제즐은 우리가 불교 성지순례 목적으로 왔다는 이야기를 듣고 자신은 인도의 많은 사원에 들렀는데, 이제 세계 모든 종교에 대한 원리를 이해한 기분이라고 했다. 힌두교와 이슬람교, 기독교, 유대교, 자이나교, 시크교를 봤고, 조로아스터교도 봤다고 했다. 혹시 불교 신자는 보지 않았냐고 물으니 인도 동북부로 가면 많이 볼 수 있을 거라고 했다. 그러면서 자신은 쥐를 모시는 사원도 가봤다고 했다. 마우스를 내가 제대로 들었는지 의아해하며 그에게 그런 사원이 정말 있냐고 다시 물어봤다.

오랫동안 인도를 떠돌아다녔다는 제즐은 자신의 여행 관록에 경탄해 마지않는 추종자를 또 만들었다고 생각했는지 사뭇 진지한 표정을 갖고 말했다.

"그럼. 여기 라자스탄주에 있어. 이름이 까르니마따 사원이야. 까르니마따의 후손들은 쥐와 사람으로 번갈아 태어난다고 믿고 있지."

쥐를 어떻게 신으로
모시냐고요?

"까르니마따는 처음 들어봐. 어떤 신이야?"

"시바의 와이프가 까르니마따야. 여기 주민들이 쥐를 위해 대리석으로 사원을 지었지. 아침마다 쥐에게 음식을 바친다고."

가뜩이나 사람보다 신을 우선시하는 인도에서 이제는 쥐 따위가 사람보다 더 대접받는다고 생각하니 언짢아졌다. 길거리에서 피둥피둥 살찌고 있는 소는 시바 신이 타고 다녀서 숭배한다는 것까지는 이해됐다. 하지만, 곡식을 갉아먹는 쥐에게 사람도 못 먹는 음식을 갖다 바치다니 못마땅했다. 그러잖아도 여행 중 굶주린 사람을 너무 많이 봐왔다.

"웃긴다. 그런데 쥐의 전생이 사람이어서 숭배한다면, 사람의 전생도 쥐었으니 사람도 존중하려나?"

따지듯 묻는 나를 보고 제즐은 자기한테 별 희한한 질문을 다 한다는 뜻인지 어깨를 으쓱해 보였다. 옆에서 율이 말했다.

"쥐는 십이지신 중 하나잖아. 짐승의 몸을 하고 있지만, 불법을 수호하는 신장이지. 만월 보살님이 쥐의 형상일걸?"

율이 불가에서도 쥐를 모신다는 이야기를 듣고 일렁이던 감정은 순식간에 차분해졌다. 자칫 쥐를 모신다는 이야기에 발끈해서 안 좋게 말했더라면 주워 담지도 못했을 뻔했다. 만월 보살은 밤에도 달이 항상 환할 수 있도록 부지런히 빛으로 달을 채우는 보살이다. 게다가 우리나라는 예로부터 쥐가 근면과 풍요를 상징한다고 믿었다. 12가지 동물 중 가장 영특하다고 해서 순서도 제일 윗자리다.

오후에 본격적으로 율과 자이살메르 성내 골목을 누볐다. 성은 옛 페르시안 아라비안나이트에서나 볼 법한 천 년 전 풍경이 펼쳐졌다. 성안에는 좁은 골목이 거미줄처럼 나 있고, 그 골목으로 상점과 노점 상인들이 지나가는 여행객들에게 손짓하며 호객행위를 했다. 골목에는 다양한 무늬와 다채로운 색상의 양탄자들이 걸려 있고, 화려한 원색의 옷감들이 펼쳐져 있다. 그 모습이 황토색의 성곽을 캔버스 삼아 다채로운 그림이 그려진 것 같았다.

▶ 자이살메르 포트에서 내려다본 시내

율과 한 보석 상점에 들렀다. 자이살메르는 금과 은 세공품으로 유명했다. 율은 부모님께 은팔찌를 선물하고 싶어 했다. 그가 맞닥뜨린 인도 상인의 상술은 매우 노련했다. 율도 그동안 인도인의 상술로부터 단련된 지라 둘의 흥정이 만만치 않았다. 상인은 처음에 450루피를 불렀고 율은 그 절반 정도인 250루피를 불렀다. 서로 난색을 보이며, 상인은 은팔찌의 정교한 세공기술을 보라며 누가 들어도 허황한 이야기를 늘어놓았다. 하지만, 율은 알아들을 수 없었기에 팔짱만 끼고 고개를 흔들기만 했다. 상인은 요설에 가까운 말을 하며 율을 홀리려 했지만, 율은 뚝심 있게 흔들리지 않았다. 오로지 손가락만 펴 보이며 값을 올리지 않았다. 재미있던 둘의 줄다리기는 결국 350루피에 다다라서 멈춰졌다. 그러자 상인은 최종 합의한 가격에서 다시 10루피를 더 달라고 했다. 자기를 보호해주는 가네샤 신을 위해서 헌금하기 위하여서라고 했다. 또 상품 가격이 1,000루피든 얼마든 항상 10루피를 더 받는다고 했다. 나는 옆에서 합의된 금액을 깨려는 그에게 율이 건네 준 돈에서 10루피를 헌금하면 되지 않느냐고 한마디 거들었다.

어차피 구석에 놓인 헌금함은 그의 저금통이었다. 상인은 진지하게 나를 보며 말했다.

"가네샤 신은 복을 주시는 분이다. 내가 헌금하면 복을 내가 받는다. 손님 대신 내가 그 복을 받을 수 없다. 신이 내리신 복은 내가 아닌 여기 손님이 받아야 한다."

나는 속으로 정말 수완 좋은 상인이라고 생각하며 10루피를 가네샤 초상화가 그려진 곳의 헌금함에 넣었다.

　그는 우리 여행자에게 자기가 모시고 있는 신에 대하여 설명해주었다. 가네샤 신은 코끼리 모양을 하고 있는데, 신 중에서 가장 힘이 센 시바 신의 첫째 아들이라 했다. 가네샤의 엄마가 목욕할 때 아무도 들여보내지 말라고 했지만, 가네샤가 아버지인 시바도 들여보내지 않자 시바는 화가 나서 칼로 가네샤의 목을 쳤다. 시바는 곧 후회하며 급하게 주변에 있던 코끼리 목을 잘라 아들의 몸에 갖다 붙였다. 그 후로 가네샤는 코끼리 얼굴을 갖게 됐다. 아들을 안쓰러워하던 시바와 파르바티는 가네샤를 더욱더 사랑하고 선물도 많이 주어 인도인들에게는 복을 상징하는 신으로 모셔졌다. 그래서 주로 장사를 하는 가게 등에서 부귀를 염원하며 가네샤 신을 모신다고 했다.

가네샤에게 기도하는 상인
▲

내가 헌금하는 조건으로 사진 한 장 찍고 싶다고 하니 주인은 고개를 옆으로 까닥이며 포즈를 취해 주었다. 그러면서 사진 모델료로 보통 5루피를 받는다며, 나보고 장사수완이 좋다고 했다.

우리는 상점을 나와 성곽에 다다라 멀리 펼쳐진 사막을 바라보았다. 바다가 푸른 물결의 수평선이라면 자이살메르에서 바라본 사막은 모래의 지평선이었다. 청명한 하늘 끝으로 평평한 땅이 끝없이 펼쳐졌다. 성곽 주변으로 모래성과 닮은 집들이 몰려있고, 그 사이 듬성듬성 초록색 나무가 있을 뿐 집도 들판도 모두 황토색이었다. 시선을 좌우로 돌리며 광활한 땅을 돌아보았다. 아무리 인도에 인구가 많다고 하여도 이 광활한 대지를 보니 사람이 넘쳐날 정도는 아니라고 생각했다. 사실 우리나라 인구밀도가 인도에 비하면 더 높다.

성 밖에서 시선을 돌려 성 바로 밑을 보니 전의 아름다운 전경과 달리 성내 사람들이 버린 쓰레기와 오물들이 가파른 비탈면 따라 쌓여있었다. 성벽 곳곳에 하수도를 연결했는지 밖으로 오수가 줄줄 나오기도 했다. 쓰레기 더미를 돼지들이 헤집고 돌아다니고 있었다. 그 쓰레기 더미에는 낙타 사체도 있었다. 기다란 목은 돌아가고 네 다리는 축 늘어져 있었다.

성곽 비탈면 아래 몰려있는 집들에서 한 소년이 깡통을 들고 성곽으로 올라오는 것이 보였다. 그러더니 용변을 보려는 듯 바지를 훌렁 내렸다. 라자스탄의 풍광을 감상하려다 난데없이 산통 깨는 장면이 나올 것 같아 소년을 향하여 알나리깔나리 놀려댔다. 그러자 그 소년은 얼른 바지를 올리고 수줍어하며 집으로 들어가서 우리를 빠끔히 훔쳐보았다. 우리가 통쾌한 듯 웃어대자 뒤에서 목소리가 들렸다.

"여기가 선셋 포인트야. 여기서 해지는 모습을 바라보면 자이살메르
가 왜 골드시티라고 불리는지 알 수 있지."

뒤돌아보니 환한 웃음을 짓는 제법 통통한 인도인이 있었다. 인도인은
언제나 이방인에게 호기심을 가졌다. 제법 풍채도 있고 청바지에 하얀 티
셔츠를 입은 그는 손가락으로 도시를 가리켰다. 나는 고개를 끄덕이며 낮
에도 도시가 금모래처럼 빛난다고 했다. 그의 뒤에서 우리의 대화를 물끄
러미 바라보는 한 여인이 눈에 띄었다. 선한 웃음에 보조개가 움푹 파였고
눈썹이 짙고 시원한 무척 아리따운 여인이었다. 그는 뒤돌아 그녀에게 손
짓하더니 나에게 소개해주었다.

하얀 인도 전통 옷을 입고 뒤로 긴 머리카락을 땋은 여인은 가볍게 눈인
사를 했다. 그들은 델리에서 결혼식을 치르고 핑크도시라는 자이푸르를 거
쳐 이곳에 여행 왔다고 했다. 낙타 사파리 하냐고 물으니 자기들은 단지 여
기 뜨리꾸따 언덕 위에 세워진 자이메르 성을 보는 것에 만족한다고 했다.
해 질 녘 황혼이 들면 다시 이 아름다운 성에서 밤을 맞이할 것이라고 했
다. 신혼부부임을 티 내려 했는지 가죽 슬리퍼를 커플로 신고 두 손은 꼭
움켜쥐고 있었다. 여인의 손등에 그려진 진한 무늬가 보였다. 그는 내 시선
이 향하는 곳을 보더니 말했다.

"인도에서 결혼식을 할 때 신부의 몸에 멘디를 그려 넣지. 멘디가
오래 몸에 남을수록 사랑을 오래 받을 수 있어."

쥐를 어떻게 신으로
모시겠느냐고요?

옆에서 신랑의 말을 듣던 그녀는 입가에 야릇한 미소를 띠었다. 그는 신부의 이마에 붙어 있는 붉은색 점도 가리키며, 결혼한 여성이 남편을 존경하는 의미로 붙인다고 했다. 우리나라도 옛날 혼례를 올릴 때 신부의 이마에 곤지를 찍었던지라 낯설지 않았다.

"아름다운 신부를 얻어서 동네가 떠들썩하게 결혼식을 했겠네요."

그는 쾌활하게 웃었다.

"우리는 연애결혼했어. 결혼식은 사흘 밤낮을 했지."

아름다운 신부를 얻은 신랑

그래도 사랑하는 이를 아내로 얻은 그는 웃음을 잃지 않았다. 둘의 사진을 찍어주겠다고 하니 그는 고맙다며 성곽에 걸터앉고는 아내를 다정하게 안아주었다.

성에서 나와 숙소로 가려 할 때 진한 구릿빛 얼굴에 빨간 사리를 뒤집어 쓴 한 젊은 여인이 내게 다가왔다. 그러면서 우리 앞에 주저앉더니 길옆으로 보자기를 펼쳐놓았다. 진한 분홍빛 보자기에는 은목걸이와 은팔찌, 은발찌가 많이 담겨 있었다. 더듬거리는 영어로 자신이 결혼을 앞두고 마련한 혼수였지만, 결혼할 사정이 아니어서 나에게 팔 수밖에 없다고 했다. 그러면서 자기가 급하니 220루피만 받고 모두 팔겠다고 했다. 얼핏 봐도 율이 보석 상점에서 산 은팔찌보다 양이 많았다. 속으로 횡재했다고 생각하면서도 여인이 어렵게 마련한 결혼 혼수를 이렇게 헐값으로 사도 되는지 걱정도 했다. 여자가 인도에서 결혼식을 치르려면 적지 않은 지참금이 필요하다고 들었기 때문이었다. 하지만 그런 걱정도 잠시 값을 얼른 치르고 흐뭇한 마음으로 게스트하우스에 돌아왔다.

나중에 자이살메르 여관 주인은 율과 내가 쇼핑한 물건들을 보더니 내가 산 은팔찌를 보며 쇳덩이를 샀다며, 고년이 사기꾼이라고 방방 뛰었다. 나보고 '스튜피드!'를 여러 번 외쳤다. 그리곤 갑자기 집으로 뛰어 들어가더니 내가 샀던 쇳덩이 구슬과 같은 장식붙이를 갖고 왔다. 그는 녹이 슨 쇠붙이를 내게 다짜고짜 내밀며 같은 가격으로 사라고 했다. 나는 황망한 눈으로 그를 볼 수밖에 없었다. 그는 분노가 치밀었는지 자신의 이마를 여러 번 치며 하늘에다 대고 힌디어로 뭐라 뭐라 소리를 질렀다. 아마도 가네샤 신에게 이 호구 자식을 보내셨으면 미리 알려주시든지 하지 왜 엉뚱한 여

쥐를 어떻게 신으로
무시겠느냐고요?

자에게 알려줬냐고 원망하는 것 같았다. 숙박 주인이 자기 돈을 잃어버린 양 하도 난리를 쳐 문밖을 나왔다.

　성곽으로 가는 길옆에서 원숭이 형제들이 서로 등을 내밀며 이를 골라주고 있었다. 한 놈은 가려운지 연신 등을 긁어대며 이쪽에 이와 벼룩들이 바글바글 된다고 불평하는 것 같았다. 덩치 큰 원숭이가 나를 보더니 낄낄대며 웃고 있었다.

> '네놈이 얼마나 약을 수 있는지 재주 한번 피워봐라. 낄낄…'
> '고작 등짝에서 벼룩이나 골라 먹는 놈이 어디다 대고!'
> '이놈아. 내가 바로 원숭이 군대 총사령관 하누만 대장이시다.'
> '쥐도 신이 되는 마당에 원숭이라고 장군 못되겠냐?'

뒤에서 바짝 기댄 새끼 원숭이가 씩씩대며 말했다.

> '하누만 장군도 몰라? 라마 왕자를 도와 악마를 물리친 장군이다.'

하누만 현신 원숭이

코끼리나 원숭이, 쥐 등을 숭배하는 토테미즘은 종교의 시발점이라 할 수 있다. 원시 시대 때 덩치 큰 짐승은 두려움의 대상이었다. 또한 한 부족 사회가 자신의 기원을 특정 동물과 연관시키며 신성시하기도 한다. 이는 한 부족이 공동체를 형성하는 데 중요한 역할을 했다. 인간 존재를 동물과 동일시한다고 하여 원시종교라 분류하지만, 자연과 동물, 인간으로 이어지는 연속적인 관계를 단절시켜 마치 인간이 자연 생태계와 관련 없는 특별한 존재인 양 생각하고 싶은 헛된 희망에서 비롯됐다. 인간의 태곳적 상태는 동물이었음은 부정할 수 없다. 비단 우리나라 단군신화에 호랑이와 곰 이야기가 나오기 때문만은 아니다.

14.

태초에 빛이 있었고

보기에 좋았더라

가장 오래된 종교 중 하나인 조로아스터교는
자라투스트라가 창시하고 불을 성스럽게 여긴다.
창조신이자 유일신인 아후라 마즈다가 불의 신이다.

조로아스터교 자라투스트라

여행자들은 사막이라고 해도 밤에는 춥다며 우리가 출발하기 전 두툼한 침낭을 챙기라고 했다. 우리는 사막에서 야영하지 않고, 호텔을 예약했기 때문에 괜찮다고 말했다. 그들 말에 개의치 않고 가볍게 짐을 챙겨 게스트하우스를 나왔다. 우리를 기다리던 지프는 황량한 들판 어느 움막집에 우리를 남겨놓고 시내로 떠났다. 여기가 사막까지 이동하는 중간 거점인가 생각하고 움막집 앞에서 서성였다. 하지만, 한동안 기다려도 가이드는커녕 오가는 사람이 아무도 없었다. 드넓은 황야에 우뚝 서 있다는 알파타 호텔은 보이지 않았다. 암만 둘러봐도 아프리카 원주민이 살 만한 초가집뿐이었다.

우리는 황야에서 모래바람을 맞으며 하릴없이 기다렸다. 무료하여 움막을 살펴보니 입구에 'Hotel Alfattah'라는 간판이 있었다. 순간, 지푸라기로 만든 이 움막이 우리가 예약한 호텔이라는 것을 깨달았다. 입구에서 큰 소리로 사람을 불러냈다. 머리는 더벅머리이고 몸집은 앙상한 남자가 낡은 숄을 걸치고 나왔다. 그는 우리를 보더니, 어눌한 발음으로 여기서 오늘 밤 자고 내일 아침 낙타 사파리에 간다고 말했다.

나는 못 믿겠다는 듯 이곳이 알파타 호텔이냐고 거듭 물어봤지만, 그는 내 말을 무시하며 들어오라고 손짓하고선 움막 안으로 들어갔다.

움막 안에는 매캐한 연기가 가득 찼다. 안에서 석유풍로에 불을 지피며 프라이팬을 데우고 있었다. 더벅머리는 우리를 위해 저녁 식사를 만든다며 밀가루를 반죽했다. 새까만 손가락으로 밀가루를 반죽할 때마다 손은 깨끗해져 갔다. 요리하는 건지 손을 씻는 건지 하도 어이없어 그를 채근하며 말했다.

▼
타르사막의 고급 호텔 알파타

"여기가 우리가 묵을 호텔이냐?"
"문제 될 거 없다. 다른 사람들은 모래 위에서 잠을 잔다. 별을 보기 위해서지."

풍로의 매연만으로 눈이 따가웠다. 그는 우리가 잘 곳이라며 바닥을 비질하니 흙먼지가 움막 안에 가득 찼다. 못 버티고 율과 함께 밖으로 나오자 그는 나를 향해 말했다.

"사막에서 모래바람과 차가운 이슬을 피할 수 있는 것만으로도 고마운 일이다. 사막에서 볼 수 있는 것 여기서 모두 볼 수 있다."

알파타 호텔의 매니저이자 요리사

옆에서 한숨 쉬며 담배를 꺼내는 율을 바라보았다. 사막으로 오지 않았
다면 남쪽에서 아소카 대왕의 산치 대탑에서 참배를 드릴 그였었다. 미안
한 마음이 들어 그에게 혜초 스님이 불법을 찾아 여기 사막을 건넌 역사가
있었다고 했다. 다만, 스님은 사막에서 불교도를 만나지 못했고, 단지 불을
숭상하는 배화교도들만 만났다. 부처님을 전혀 모르던 배화교도들은 불을
제단 위에 피워 놓고 신처럼 모셨다. 스님은 불을 숭상하는 그들이 여러 형
제가 한 아내를 갖는 풍습을 보고 매우 괴이하게 여기셨다. 율은 말없이 담
배만 피웠다.

처음엔 꺼림칙했지만, 막상 짜파티를 먹으니 맛도 있었다. 저녁 식사를

마치자 밖에서 낙타 우는 소리가 들렸다. 두 소년이 움막에 들어왔다. 좁은 움막에서 우리 둘 말고 더벅머리 매니저와 낙타 몰이 소년 둘이 함께 자야 했다. 다섯이 앉아 있기도 좁아서 미구라라고 자기를 소개한 소년과 함께 밖으로 나왔다. 해가 진 들판은 어둡고 황량했다. 심심하여 미구라와 함께 낙타에게 마른 풀을 주었다. 그러자 어디서 염소가 나타나더니 낙타와 친한 척을 하며 같이 여물을 먹었다.

▼
사파리를 떠나기 전 여물을 먹는 낙타

미구라는 사막에서의 일정을 말하다가 내게 속삭이듯이 말했다.

> "오늘 사막에서 불꽃 댄싱 파티가 있어. 정말 예쁜 댄서도 왔지. 귀
> 족만 볼 수 있는 파티인데, 구경 갈래?"

이 시답잖은 움막집을 호텔이라고 으스대는 소년의 말이 의심스럽다는
듯 되물었다.

> "거기까지 어떻게 가냐?"
> "낙타가 있잖아! 우리가 같이 타고 가면 돼."
> "네가 안내할 수 있어?"
> "그럼. 그런데 관람하려면 30루피가 있어야 해."

율을 놔두고 나는 미구라와 단둘이 낙타를 타고 캄캄한 사막으로 달려갔
다. 불빛 하나 없는 사막은 오로지 하늘의 수없이 밝은 별뿐이었다. 별자리
를 모른다면 어디가 동서남북인지 도통 알 수 없을 정도로 사방은 어두웠
고 모래뿐이었다. 문득 한밤중 무작정 달려온 것이 덜컥 겁이 났다. 율과 함
께 올 걸 후회했다. 낯선 곳으로 끌고 가는 미구라가 체구가 작은 소년이라
지만, 우습게 보기엔 그도 어엿한 낙타 몰이꾼이었다. 아무도 없는 사막에서
나를 떨구기라도 하면 영락없이 이 모래밭에서 헤매다가 죽기 십상이었다.

천 년 전 혜초 스님은 정녕 겁도 없이 이 어두컴컴한 사막을 홀로 걸어가
이란까지 갔단 말인가 싶었다. 삼국유사에서 많은 승려가 인도로 순례를

떠났지만, 돌아온 사람은 혜초밖에 없었다고 했다.

두려운 마음으로 보아도 사막 밤하늘 별빛은 너무나 아름다웠고, 모래펄을 밟고 가는 낙타는 너무나 믿음직한 짐승이었다. 낙타는 자기 등에 올라탄 사람이 행여나 불편할까 내가 제대로 균형을 잡지 못하면 걸음을 늦추기도 하면서 걸어갔다. 어느덧 칠흑같이 어두운 사막 저 멀리서 불꽃이 일렁이며 연기가 피어오르는 것이 보였다. 순간 살았다는 환희와 함께 캄캄한 밤중에 보이는 빨간 불빛은 매우 신비롭게 느껴졌다. 어둠을 물리치는 빛은 생명이고 구원이었다. 백 번이라도 절하라면 절하고 싶은 심정이었다.

다가갈수록 북소리와 피리 소리가 함께 들려왔다. 마구라는 낙타에서 내리자며 여기서부터 걸어가야 한다고 했다. 그러더니 낙타를 꿇어 앉히고 발이 푹푹 빠지는 모래를 밟아가며 앞장서 갔다. 한참을 걸어간 후, 사구처럼 솟아 나온 곳에 엎드리더니, 이제부터는 기어가야 한다고 했다. 모래를 헤집고 포복하는 그를 멀뚱멀뚱 바라보았다. 소년은 내게 보디가드가 눈치채기 전에 빨리 엎드리라고 다급하게 말했다.

얼떨결에 나도 둔덕 위까지 엎드려 기어갔다. 군대에서 지긋지긋하게 한 포복을, 그것도 사막 모래 위에서 하려니 옷소매로 모래가 들어가고 모래 먼지가 입속으로 들어왔다. 낯선 사막에서 의지할 것은 이 소년밖에 없어서 영문도 모른 채 볼멘소리로 물었다.

"왜 몰래 기어가야 해? 나는 관람료를 냈잖아."
"너만 돈을 냈지. 난 안 냈어."

태초에 빛이 있었고
보기에 좋아더라

위에서 다리까지 통으로 된 헐렁한 옷을 입고 앞으로 기어가는 미구라는 뒤도 돌아보지 않으며 말했다.

"그 돈은 입장료가 아니야. 내 가이드 비용이지."

순간 그의 이슬람 모자를 획 낚아채 모래밭에 버리고 싶은 마음이 들었다. 그래도 움막 같은 호텔로 무사히 돌아갈 수 있으려면 그의 비위를 맞춰야 했다. 속으로 화를 삭였다.

"여기까지 고개만 내밀고 봐. 더 가면 보디가드가 쫓아올 거야."

모래 둔덕에서 미구라와 나란히 엎드려 고개를 내밀었다. 캠프파이어와 댄스파티가 벌어지는 장면이 보였다. 음악은 흥겨웠고 모닥불은 훨훨 타올랐다. 그 앞에서 춤추는 여인 몸짓은 무척 현란하고 선정적이었다. 미구라는 귀족들이 댄서와 술, 악단과 텐트를 3천 루피에 사서 이곳 사막에서 즐기는 것이라 했다. 댄서의 춤에 흥이 났는지 나잇살 먹은 한 인디언이 어깨를 들썩이며 일어났다. 그는 돈다발을 들고 무희 주위를 맴돌며 몸을 같이 흐느적거렸다. 주변에 앉아 연주하던 악단은 더욱 북을 두드리며 피리를 불었다. 그들도 리듬에 맞춰 몸을 흔들어댔다. 모래를 발로 채가며 무희가 춤출 때마다 발찌에서 방울 소리가 찰랑찰랑 들렸다. 신기하게 춤을 추는 무희가 가녀린 손가락으로 얼굴 이리저리로 옮겨가며 눈동자를 굴릴 때마다 흰자와 검은자가 선명하게 보였다. 몸이 움직일 때마다 눈 밑에서 붉은 천이 일렁였다. 그녀의 흰자와 검은 눈동자가 또렷하게 보였다. 허리선은 가늘었고 치마 밑으로 보이는 다리는 고왔다. 미구라가 모래 속에 고개를 묻고는 말했다.

"저기 춤추는 댄서 예쁘지? 쟤 남자야."

넋을 놓고 보는 무희가 남자라는 소리를 듣는 순간, 그의 머리통을 힘껏 후려칠 뻔했다.

사막에서 빛나는 것은 하늘의 별과 땅의 모닥불이었다. 모꼬지 가서 학우들과 캠프파이어 하면 누구는 통기타를 치고 누구는 두런두런 소주잔을 기울이고 누구는 일렁거리는 불꽃을 멍하니 보곤 했다. 장작이 타면서 올라오는 불꽃은 사람의 시선을 흠뻑 빨아들이는 마력이 있다고 생각했다.

불을 두려워하지 않고 지켜볼 수 있는 생명은 지구상에서 인간이 유일하다. 불은 단순히 어둠을 몰아내는 것뿐만 아니라 인류의 삶을 송두리째 바꿔놓고 인간을 다른 생명체와 구분 짓는 존재로 만들었다. 태초에 어둠이 있었고 그 어둠 속에서 빛이 생겨났다. 인류에서 가장 오래된 종교는 힌두교와 더불어 조로아스터교이다. 조로아스터교는 불을 성스럽게 여겨 배화교라고도 불린다. 자라투스트라가 창시한 배화교는 창조신이자 유일신인 아후라 마즈다를 중심으로 마치 불이 어둠과 밝음을 구분하듯이 선악의 세계가 구분된다. 배화교에서 믿는 신인 아후라 마즈다는 빛인 신이고 악과 어둠의 신 앙그라 마이뉴와 싸운다. 그래서 배화교도들은 불을 신성하게 여긴다. 불은 신의 혼으로 모든 악을 씻어준다.

태초에 빛이 있었고
부기에 좋았더라

사막에서 피어오른 불을 보며 최초로 불을 본 사람이 느꼈을 환희를 느꼈다. 어둠에서 피어오르는 두려움과 무지를 몰아내는 불꽃을 경배하는 마음이 없었다는 것은 거짓이다. 불이 신이 되고 불을 바라보는 것이 종교의식이 되는 것은 그리 큰 비약이 아니었다. 사막의 어둠을 밝히는 불이야말로 진심으로 의지할 존재였다.

▼
배화교 신전 아테쉬카테

15.

멸망이 다가왔다

회개하라 !

모래밖에 없는 사막에서 생겨난 종교는

단 한 분의 절대적인 유일신을 믿는다.

신의 메시지를 받은 예언자는 광야에서 홀로 외쳤다.

사막의 선지자들

타르사막은 모래만 끝없이 펼쳐진 곳이 아니다. 군데군데 잡목이 자라난 황무지도 있었다. 그런 잡목 사이로 노란 털을 가진 들개가 돌아다녔다. 처음에 들개가 노란빛을 띠기에 사막여우인 줄 알았다. 사실 사막여우가 어떻게 생겼는지 잘 몰랐고, 동물원에서 귀가 쫑긋하다는 것만 어렴풋이 알았다. 처음에 새끼들 곁을 지키던 들개는 나를 경계하며 으르렁거렸다. 나는 쭈그려 앉아 손을 내밀고 개를 불렀다. 개는 끙끙거리는 소리를 내었다.

나는 모래에 털썩 주저앉고 손짓으로 들개를 불렀다. 내가 계속 손짓하자 머리를 이리저리 흔들며 들개는 조심스럽게 다가와 내 앞에 섰다. 어쩔 줄 몰라 하는 그 녀석의 머리를 쓰다듬어주고 귀를 사막여우라도 되는 양 양쪽으로 잡아 당겨주었다. 그제야 그 녀석은 의심을 풀고 내게 몸을 의지했다. 길쭉한 네 다리로 꼿꼿이 선 들개는 연신 쓰다듬는 내 손길에 미동도 하지 않았다. 대신 젖은 콧등만 실룩였다.

'나를 길들여줘. 부탁이야.'

길들인다는 게 이런 건가 싶기도 하고, 애써 내게 다가온 들개가 안쓰럽기도 했다. 개 귀에다 속삭였다.

'나는 바람과 모래와 땡볕만 있는 이곳에 오래 머물지 않아. 나는 여기 잠시 머물 뿐이야. 저 모래 언덕이 박사 고깔처럼 고와도 바람 불면 흔적도 없이 허물어질 것이다. 부처님이 말씀하셨지. 형상이 그 모습 그대로 머물지 않는다고. 하물며 너와의 인연이란…. 누구에게 이렇게 쉽게 다가가지 마라. 자칫 너만 상처받을 거야.'

▼
사막에서 우연히 만난 들개

미구라가 점심이 다 되었다며 큰 소리로 나를 불렀다. 그는 내 앞에 들개가 있는 것을 보더니, 불에 타다 남은 막대기를 휘두르며 멀리서 소리를 마

회개하라!
멸망이 다가왔다

구 지르며 달려왔다. 연기가 피어오르는 불 막대기를 본 들개는 놀라서 뒷걸음치다가 미구라 반대편으로 도망쳤다. 미구라는 계속 들개를 쫓아내는 시늉을 하며 내게 말했다.

"너는 정말 겁이 없구나. 사막에는 미친개들이 많이 돌아다닌다. 미친개에 물리면 꼼짝없이 죽는다."

사실 미친개에 물려 광견병으로 가장 많이 죽는 나라가 바로 인도였다.

모래와 범벅이 된 짜파티를 먹고 낙타를 타고 하염없이 이동했다. 다시 낙타가 지칠 때쯤 낙타에서 내려 휴식했다. 낙타로부터 떨어져 한적한 곳 모래 둔덕 위에 앉아서 끝없이 펼쳐진 모래사막을 바라보았다. 멀리서 한 사람이 모래 둔덕을 힙겹게 걸어왔다. 마치 황야를 건너온 선지자처럼 외로웠고 힘들어 보였다. 그는 내게 뭐라고 큰소리로 외쳤다. 너무 멀리 있어서 무슨 소리인지 알아들을 수 없었다.

'회개하라! 곧 멸망의 때가 왔도다.'

희미하게 들리는 소리는 마치 회개하라고 외치는 것 같았다. 이 망망한 사막에 누가 있어서 그 소리를 듣고 회개한다는 것인가! 구약의 선지자들은 황야에서 지팡이를 짚고 어떻게 사람을 불러 모을 수 있었을까? 이 뜨거운 태양 아래 미쳐 돌아버릴 것 같은 사람들 속에서 이미 미친 사람이라고 취급되지 않았을까? 사막의 선지자는 광야에서 흩어진 사람들을 불러 모으고 타락한 사람들을 회개하게 할 수 있다고 생각하고 '회개하라!'라며 외친 것일까? 하지만 광장에서 설교하는 것보다 이 황량한 광야에서 외치는 소리는 더 강렬했다. 광야의 외침을 들은 사막의 민족은 자식을 제물로 바치라는 바알 신전을 허물고 금송아지를 불태웠다. 그리고 신은 사랑이시라는 말씀을 받아들였다.

그가 무슨 말을 하는 것인지 물끄러미 바라보았다. 막상 내게 다가온 그는 매우 어린 소년이었다. 소년은 한참을 뜨거운 사막에서 걸어왔다. 그리곤 내 앞에 자기가 짊어진 마대를 털썩 내려놓았다.

"곤니치와!"

그는 일본어로 인사했다. 그가 외쳤던 말은 회계하라는 것이 아니고 '곤니치와'였다. 내가 못 알아듣는 척하니 그제야 한국어로 '안녕하세요!' 인사를 하며 손을 내밀었다.

악수를 마치자 그 꼬마는 자루를 묶은 끈을 풀었다. 자루를 모래 위에 내려놓을 때 병 소리가 요란하게 났다. 이 뜨거운 사막에 무거운 유리병을 들고 다니는 것이 대단해 보였다.

"도대체 너는 몇 살이니?"

여행 중 만나는 사람들에게 불문율이 있다. 결혼 여부와 몇 살인지 묻는 것이다. 그런데도 물어볼 수밖에 없었던 것은 자신을 비즈니스맨이라고 소개한 소년이 너무 어려 보였기 때문이다.

"일곱 살이다. 나는 비즈니스맨이야. 사막에서 여행자들이 필요한
것을 팔지."

그는 자루에서 코카콜라 병을 꺼내 들며 흔들었다. 유리병은 자루 안에
서 많이 부대꼈는지 유리 표면이 다 닳아 있었다. 뜨끈뜨끈해 보여 콜라병
뚜껑 따는 순간 화산처럼 탄산이 폭발할 것 같았다. 나는 고개를 저으며 관
심 없다고 말했다.

"나는 비즈니스맨이야. 너는 콜라를 원하고, 나는 돈을 원한다. 서
로 원하는 것을 바꾸면 된다. 비즈니스맨은 이런 일을 한다."
"내가 원하는 것은 시원한 물이지, 뜨거운 콜라가 아니다."

이제 일곱 살이라는데 어디서 영어를 배웠는지 쓰는 단어는 몇 단어 한
정되었으나, 의사를 표현함에서는 능숙했다. 도대체 몇 살부터 사막에서 여
행자들을 상대로 장사했단 말인가. 나는 조끼에서 미네랄워터를 꺼내 그
소년에게 건넸다. 얼굴이 까무잡잡하고 눈 흰자만 하얀 소년은 웃으며 물
을 건네받더니 벌컥벌컥 마셨다. 웃을 때 보인 아직 다 자라지 않은 치아는
담뱃진 때문인지 노랗고 불그스름했다. 목을 축인 그는 한동안 몇 번 더 실
랑이하더니 소용없다는 것을 알고 자리에서 일어나더니 말했다.

"잘 있어라. 사막에는 뱀이 많이 돌아다닌다. 조심해라."

어린 소년은 마대를 등에 이고 다시 길을 떠났다. 사막 어딘가에 돌아다 닐 여행자들의 낙타행렬을 찾아가는 것이겠지만, 너무나 아득한 모래벌판 에서 미련하고 미련한 짓 같았다. 그 뒷모습을 보니 애련해졌다. 어깨에 둘 러멘 자루는 삶의 짐처럼 소년의 몸을 더욱더 굽게 했다. 어린 소년의 뒷모 습이 보이지 않을 때까지 하염없이 두고두고 바라만 보았다.

'부탁이야. 양 한 마리만 내게 그려줘.'

차라리 사막에서 네가 나에게 그런 부탁을 했으면 어땠을까 싶었다. 그 러면 나는 정성껏 상자를 그려 네가 보고 싶어 하는 양이 여기 안에 있다

회개하라!
멸망이 다가온다

고 말해줬을 것이다. '네가 두고 온 장미꽃은 잘 있니?'라고 묻지 않았을까? 어린 비즈니스맨이 걱정하며 말한 뱀 이야기에 몸이 움츠러들었지만, 정작 그 소년이 제일 조심해야 하는 것이 뱀이었다. 뱀이야말로 어린 왕자를 죽게 한 동물이니까.

　휴식 시간을 마치고 우리의 낙타행렬은 사막을 다시 건너갔다. 사막은 정말 모래밖에 없었다. 문득 우리나라처럼 사계절이 뚜렷하고 산과 강과 들판이 있고 많은 동식물이 자라는 곳에서는 자연스럽게 자연물 곳곳에 많은 신이 깃들어 있다는 다신주의를 믿을 수 있을 것 같다. 어느 나무, 어느 동물 하나하나 신비하지 않을 수 있을까? 반면에, 모래밖에 없는 사막에서 생겨난 유대교, 기독교, 이슬람교, 배화교 같은 종교들은 다신교를 배제한다. 아마 사막에서 간절히 찾을 수 있는 것은 오직 오아시스 하나밖에 없어서 자연스럽게 유일신을 믿는 것이 아닐까.

16.

앗
살
라
　알
　라
　이
　쿰
　!

알라 이외 다른 신은 없으며

무함마드는 알라의 사도이다.

알라는 유일신이고 무함마드는 단지 예언자일 뿐이다.

이슬람교 마호메트

아침 식사를 간단히 한 후, 우리는 미구라와 그의 형 가지라가 모는 낙타를 타고 사막으로 떠났다. 모래 벌에 푹푹 빠지며 걸어가는 낙타는 연신 입을 씰룩이며 툴툴거리며 머리를 흔들며 걸었다. 낙타 혹 사이에 앉아가니 낙타의 발걸음마다 몸이 움직이는 동작이 매우 야릇했다. 특히 청바지를 입으니 사타구니가 당겨서 아팠다. 율은 엉덩이 살갗이 다 까져 버렸다고 했다. 저 멀리 모래 언덕 위로 다른 낙타 일행이 걸어가는 것이 보였다. 그들은 서쪽으로 달려가고 있었다. 옛사람들은 이 막막한 사막을 왜 건넜을까? 물론 물과 식량을 찾아다녔을 테고, 나는 사막을 무대 삼아 잠시 옛 유목민을 흉내 내는 여행을 했다. 설령 짧은 체험이나마 모든 감각기관은 그 새로움에 자극 받았다.

생텍쥐페리는 '사막이 아름다운 것은 어딘가에 샘을 감추고 있기 때문이야.'라는 구절을 어떻게 생각해냈을까? 그가 사막에 불시착했을 때 두려움 속에서 어떻게 사막의 아름다움에 대하여 사색할 여력이 있었는지 궁금했다.

점심을 준비하느라고 낙타를 쉬게 하고 낙타 몰이 형제들은 가지고 온 땔감으로 불을 지폈다. 그러던 중 가지라가 내가 보던 론리플래닛 책을 뒤적거리더니 신기해했다. 그러더니 자기 메모장을 건네주며 한국말로 글자를 써달라고 했다.

"무슨 말을 써줘야 하는데?"

"이 소년은 매우 친절하고 믿을 만합니다. 따뜻하게 대해주시기 바랍니다. 이렇게 써줘."

"따뜻하게?"

"응. 화내지 말고."

"누가 왜 너희들에게 화를 낸다고 생각하지?"

▼
낙타 몰이꾼 미구라와 가지라

앗 살 라
알 라 이 쿰!

하기야 호텔과 멋진 사막의 음식을 기대한 사람에게 움막에서 자게 하고, 식사도 모랫바닥에 앉아 먹게 하면 화가 치밀어 오를 법도 했다. 게다가 길에서 나무 땔감을 주워들고 불을 지피느라 음식 장만도 오래 걸렸다. 그릇도 모래로 닦다 보니, 밀가루 음식에 모래 알갱이가 섞여 있기도 했다.

식사를 마치고 우리는 미구라와 그의 형 가지라가 모는 낙타를 타고 사막으로 떠났다. 낙타 등위에서 모슬렘 소년 미구라에게 심심한 듯 물어봤다.

"네가 믿는 신은 어디에 있니?"

미구라는 뒤돌아 나를 보고 다시 앞을 보며 심드렁하게 말했다.

"하늘의 왕국에 계시지. 알라는 모든 것을 알고, 모든 것을 할 수 있다."

낙타 머리를 부드럽게 쓰다듬으며 말을 이어갔다.

"아버지가 알라뿐만 아니라 다른 신을 믿더라도 착한 일을 하면 신의 축복을 받는다고 했다. 사람들이 믿는 신은 다 알라신이지."

낙타를 타면 낙타의 걸음걸이에 맞춰 한 몸으로 움직인다. 낙타가 앞으로 발을 내디딜 때마다 묘하게 허리가 꺾였다. 리듬을 잘 못 타면 허리통증이 심할 것 같았다. 미구라가 쓴 하얀 모자를 물끄러미 바라보다가 조심스럽게 물었다.

"그러면 왜 한 손에 칼, 또 한 손에는 코란을 든다고 하지?"

"아버지가 말씀하셨다. 코란은 인간의 생명을 신성하게 여긴다. 코란에서 한 목숨을 빼앗는 것은 모든 이의 목숨을 빼앗는 것과 같고, 한 목숨을 살리는 것은 모든 목숨을 살리는 것과 같다고 했다."

생뚱맞은 물음에 척척 말하는 그가 대견하여 게스트하우스에서 여행자들에게서 주워들은 이슬람식 인사말을 미구라에게 했다.

"앗살람 알라이쿰!"

'앗살람 알라이쿰'은 알라의 평안함이 당신에게 있기를 바라는 뜻으로 원래 유목민들이 사막에서 사람들과 마주칠 때 하는 인사말이다. 사막에서 일어난 많은 민족은 그들의 문화적 동질성에도 불구하고 많은 외세의 침략과 다양한 신을 섬김으로써 분열되었다. 갈라진 그들을 하나로 묶는 것은 신앙으로써 가능했다. 그래서 알라는 복수형이 아닌 단수형으로 쓰이며, 오로지 단 하나의 유일신이다. 알라의 이름으로 하나가 된 그들은 형제애로 서로를 대하지만, 종교나 문화에서는 다양성을 배제했다.

바람이 불어 모래 먼지가 자욱해졌다. 우리는 고개를 숙이고 눈을 감았다. 모두 아무런 말 없이 멈춰 섰다. 바람이 멈추고 우리는 황무지를 달려갔다. 멀리서 소총을 어깨에 메고 가는 먼지투성이 군인들이 보였다. 모자는 구겨졌고 행색은 꾀죄죄했다. 그들은 어디 순찰 가는 건지 흔한 지프 없이 터벅터벅 모래를 밟고 걸어갔다. 진정한 여행자는 군인이 아닐까 싶다.

앗살라
알라이쿰!

행군을 처음 했을 때 그처럼 오래 걸은 적이 없었다. 행군은 욕설이 난무한 가운데 도열을 맞추어 걸었지만, 오래 걷는다는 건 특별한 경험이었다. 나는 끊임없이 걷는다. 오래 걸을수록 깊이 사색할 수 있었다.

낙타 몰이 소년이 사파리는 여기까지라며 돌아가야 한다고 말했다. 나는 아쉬움에 볼멘 목소리로 말했다.

"난 서쪽으로 더 갈 것인데."
"안 돼. 서쪽은 파키스탄이다. 군인들이 지키고. 위험하다."

한 여행자가 카슈미르가 참 아름다운 땅이라고 했다. 인도의 알프스라고 말할 정도였다. 카슈미르는 히말라야 산기슭의 울창한 침엽수림과 빙하가 녹은 맑은 계곡물이 흐르고 있으며, 에베레스트산 다음 두 번째로 높은 K2 봉이 하늘과 맞댄 곳이라 했다. 카슈미르라는 지명은 건조한 땅과 물이라는 뜻이다. 낙타를 타고 서쪽으로 조금만 더 가면 사막이 끝나는 곳에서 물이 흐르는 숲속 계곡이 나타날 것 같았다. 나는 낙타 몰이 소년의 아우성을 짐짓 무시하는 척하며 낙타를 서쪽으로 계속 몰았다.

인디언 소년은 다급하게 소리를 꽥 질러댔다.

"너는 총을 맞을 것이다. 난 모른다. 난 집에 갈 거다."
"그거 아나? 나도 한때는 군인이었다."

소년들은 뒤돌아 가는 시늉을 했지만, 내가 아랑곳하지 않고 낙타를 서쪽으로 몰아가자 울상을 지었다. 그리곤 국경을 넘으면 죽는다고 소리를 질러댔다. 철없는 장난을 친 것 같아 낙타를 되돌려 그가 있는 곳으로 다가 갔다. 한편으론 모슬렘 소년에게 파키스탄은 자신이 믿는 알라신을 믿는 나라이기도 했다.

▼
파키스탄으로 가는 길목

11세기 인도에 들어온 튀르크족은 점차 인도를 지배하고 무굴제국에 이르러서는 인도의 전 지역이 이슬람화되었다. 영국 제국주의 침략을 받아 무굴제국이 멸망하자 모슬렘에게 핍박받던 힌두교들은 증오감으로 이슬람교와 잦은 충돌을 일으켰다. 결국, 종교 차이를 극복하지 못한 인도는 파키

앗 살 라
알 라 이 쿰 !

스탄과 인도로 나뉘게 됐다. 수천만 명의 이슬람교도는 자신들이 살던 터전을 버리고 파키스탄으로 옮겨가야 했다. 그때 건너가지 못한 모슬렘들은 인도에서 천대받고 살면서 자신의 종교를 지켜가고 있다. 그런 모슬렘에게 파키스탄은 어떤 나라일까? 미구라는 능숙한 낙타 몰이꾼이었지만, 그런 종교와 국가의 분쟁을 헤아리기에는 아직 어린 소년이었다. 씩씩거리는 미구라 뒤를 쫓아가며 아쉬운 마음에 거듭 뒤돌아보았다.

오후 해가 지기 전 낙타 사파리를 마치고 자이살메르에 되돌아갔다. 간단한 샤워를 마치고 인근 숙소 주인에게서 추천받은 레스토랑에 가서 탄두리 치킨을 시켰다. 바싹 구워진 치킨에서 맛있는 향이 풍겨왔다. 하얀 사기 그릇에는 노릇노릇 구워진 난이 담겨 있었다. 카레 소스에 찍어서 먹으니 부드러운 식감이 느껴졌다. 해가 지는 석양과 금빛으로 빛나는 자이살메르 포트를 바라보며 맥주도 마셨다. 옆에서 황금빛으로 빛나는 성벽을 바라보던 율에게 물어봤다.

"우리 북쪽으로 더 갈까? 혜초 스님의 왕오천축국전이 천축국 다섯 곳을 보신 이야기잖아. 우리가 천축국 중앙과 남쪽, 서쪽을 보았지. 이제 스님이 보신 북쪽 천축국 카슈미르도 보는 것이 어때?"

율은 서두가 요란한 나의 말을 듣고 내가 무슨 말을 하려는 지 눈치 챘지만, 아무 말 없이 들었다. 그의 손목에 채워진 염주는 닳고 손때가 껴서 거무칙칙했다. 나는 일부러 낯빛을 환하게 하며 카슈미르는 산림이 울창하고 계곡과 설산도 멋있다며 말을 이어갔다.

그의 눈빛은 어두워졌다. 아무 감정이 없는 무미건조한 목소리로 대답했다.

"성지 여행 온다고 해놓고, 정작 우리는 아잔타 석굴 한 번 보고 인도를 계속 빙빙 돌고 있어."
"원래 투어 어원이 라틴어로 토르누스인데 돌고 돈다는 뜻이야."

그의 눈빛이 어두워졌다. 정작 누구보다 해변의 모래를 황홀하게 만졌고, 나보다 더욱 사막의 모래를 움켜쥐며 감격했던 그가 나를 나무랐다. 그는 이번만큼은 일정을 바꿀 수 없다며 물러서지 않았다. 나는 뭄바이로 다시 돌아가고 싶지 않았다. 약간의 실랑이 끝에 율은 법사님께 물어보고 결정하자고 하여 동의했다.

율이 법사님과 한동안 통화하더니, 인도에서 방황을 그만두고 델리로 바로 오라고 하셨다고 말했다. 그가 어떻게 말했는지 모르겠지만, 나는 고개를 끄덕일 수밖에 없었다. 하기야 이렇게 바람이 부는 대로 떠돌아다니다가는 정말 정처 없이 떠돌이 신세를 면치 못할 것이다. 율에게 여행을 뜻하는 영어단어로 'Wander'가 있단 말을 하려다 그만두길 잘했다고 생각했다. 'Wander'란 말 그대로 정처 없이 배회하는 것이기 때문이다.

그와 델리로 가는 일정을 얘기할 때 갑자기 자이살메르 도시 전체가 정전됐다. 암흑으로 바뀐 도시에서 오직 하늘의 별만이 초롱초롱 빛났다.

게스트하우스로 다시 돌아왔을 때 이슬람식 인사말을 가르쳐준 여행자를 다시 만났다. 평소 유럽 사람들은 이슬람 문화를 배척한다고 생각했는데, 그는 이슬람교에 대하여 너그러웠다. 그는 코란에 대하여 재미있는 이

앗살라
알라이쿠!

야기도 했다.

"이슬람을 믿어도 그들의 천국으로 갈 수 없다. 코란은 천국을 약속하지 않았기 때문이지. 이슬람에서 천국이란 오직 알라만의 나라라서 인간은 누구도 갈 수 없다. 또 그들은 천국에 대한 대가로 신을 믿는 것을 옳다고 생각하지 않아. 다만 알라신에게 충성하고 헌신하지. 어떤 대가를 바라지 않고서."

그리고 덧붙여 말했다.

"천국과 믿음을 거래하지 않는 것. 절대적인 복종. 이것이 진정한 신앙 아닐까?"

이슬람양식 ◀
후마윤 무덤

17.

모든 신을 포용하는 연꽃

바하이 신앙은 인류가 하나라고 주장한다.
모든 종교의 신은 바흐올라의 화신이므로
종교가 다르더라도 가르침은 옳다고 여긴다.

비하이교 바흐올라

새벽 5시. 설핏 잠들었다가 눈을 떴다. 벌써 자이푸르에 도착했다. 비가 추적추적 내리고 있었다. 사막에 비가 내리는 것은 흔치 않은 일이었지만, 덕분에 터미널에서 오도 가도 못했다. 잠이 덜 깬 채 건물 밖 처마 밑에서 쭈그려 앉아 비를 피했다. 가뜩이나 새벽공기가 차가운데 비까지 내리니 그 쌀쌀함이 더했다. 얼마나 많은 홈리스가 밤비를 맞고 병에 걸리게 될지 걱정도 들었다.

음습한 새벽 비가 내리는 자이푸르는 라자스탄의 주도이며 인도 최초의 계획도시다. 조드푸르가 가가호호 파란색으로 칠해진 푸른 도시라면, 자이푸르는 집마다 분홍색으로 칠해진 핑크 도시다. 영국 왕자 에드워드 7세를 맞이하기 위해 도시 곳곳을 핑크로 칠한 것이 지금까지 남아서 핑크시티라고 불린다.

다행히도 길 건너 한 레스토랑이 이른 아침부터 문을 열려는지 전등이 켜졌다. 웨이터가 빛이 날 정도로 반들반들 잘 닦은 스테인리스 그릇에 난과 샐러드를 담아왔다. 짜이를 따라 주며 어제 날이 좋았는데 새벽부터 비가 온다고 했다. 그러면서 핑크 도시 자이푸르에 온 것을 환영한다고 말했다. 율에게 자이푸르에 왔으니 도시를 둘러보는 것이 어떻겠냐고 물어봤다.

율은 괜히 돌아다녔다가는 델리에 못 갈 수도 있다며 경계하듯 말했다. 나는 아쉬움에 라자스탄 여행은 화이트, 블루, 핑크 도시를 둘러봐야 한다고 말했다.

율은 아무런 대꾸 없이 짜이를 홀짝이며 마셨다. 시선을 돌려 빗줄기가 창문을 두드리는 소리를 들었다. 밖으로 나와 보라며 문을 두드리는 듯했다.

하기야 무거운 배낭을 메고 빗속을 걸어 다닌다는 것은 무리라고 위안 삼았다. 짐이란 이다지도 사람을 구속하는 것인지 모르겠다. 더운 지방부터 추운 지방까지 돌아다녀야 했다. 짐을 꽉 여민 배낭은 사람을 짓누르는 무게였다. 동행도 또 다른 짐이다. 같이 거닌다는 것은 든든하고 벗과 추억을 만들 수 있는 기쁨이지만, 때로는 서로를 옭아매는 구속일 수 있다.

비가 그치길 기다렸지만 멈출 기색이 없었다. 그러고 보니 이 메마른 땅에 비가 촉촉하게 적실 땐 비를 피하는 것이 아니라 맞이해야 한다. 사막에서 내리는 빗속을 걷지 못하면 두고두고 아쉬울 것 같았다. 창문 밖에서 어서 나오라며 유리창을 두드리는 빗방울 소리를 외면하기 힘들었다. 율은 낌새를 차리고 아침 식사를 마치자마자 터미널로 달려갔다. 곧 델리행 버스표 두 장을 끊더니 바로 오는 버스를 타자며 나를 채근했다.

차가 출발하자 비는 그쳤다. 도시를 벗어난 거리는 황량했다. 간혹 나무 한 그루만 드문드문 보일 뿐이었다. 새 한 마리가 나뭇가지 우듬지에 앉아 다음 앉아 쉴 나무를 찾아 두리번거렸다. 황무지는 거칠고 쓸쓸했다. 빗방울은 사막의 갈증을 채 풀어주지 못했다.

차창에 머리를 기대니 처량한 생각만 들었다. 법문을 듣고 신의 흔적을 찾는 노력은 사막에 내린 비와 같았다. 이미 삭막해진 내 마음은 지혜의 경구를 읊고 깨달아도 금세 메말랐다. 내게 영혼이 있다는 믿음은 언제 희미해졌을까?

기독교나 이슬람교는 절대자에게 의지하여 그분 뜻대로 살아가면 충분하다. 세상일을 설령 이해할 수 없어도 의심할 필요가 없다. 인간이 이해할 수 없는 신의 섭리가 깃들어 있기 때문이다. 하지만, 불교는 스스로 깨달아야

▼
황무지 나무 한 그루, 새 한 마리

한다. 싯다르타가 깨닫고 실천하여 석가모니가 된 길을 따라가야 한다. 평범한 사람들이 쉽게 이해하도록 여러 이야기를 담은 경전이 있다지만, 결국은 부처님이 깨달은 것과 같이 깨달아야 한다. 부처님도 스스로 깨달은 진리가 너무 오묘해서 사람들에게 어떻게 설명할 수 있을까 무척 고심했었다.

아침부터 탔던 버스에서 밤을 맞이했다. 온종일 달리는 버스는 기사가 두 명이었다. 한 사람이 운전할 때 다른 사람은 보조석에 앉아 잠시 잠을 청하는 식으로 버스는 멈추지 않고 달렸다. 한밤중 레스토랑에 들를 때는 선잠에서 깨어나 포토칩을 사 먹었다. 입천장이 껄끄러웠고 기름기가 밴 배 속이 부대꼈다. 다시 버스는 달렸다. 비포장도로 구간에 들어섰는지 차가 덜컹거렸다. 그럴 때마다 유리창에 머리를 여러 번 찧기도 했다. 운전기사는 졸린 지 음악을 크게 틀었다. 종일 운전해야 하는 기사가 졸음을 내쫓

을 요량으로 흥얼거리겠지만 승객이 잠시라도 눈 좀 붙일 수 있도록 배려하는 마음은 전혀 없었다. 선곡도 라자 힌두스타니 한 곡이었다. 버스에서 들려오는 노래를 들으며 긴 여행의 고독, 머물지 못하고 끊임없이 떠돌아다니는 것에 대한 상념이 들었다. 음악 소리는 멈추지 않고 밤 버스 안에서 계속 울렸다.

> 빠르데시 빠르데시 자나아나히 (멀리서 온 그대여 가지 마세요.)
>
> 무제 초르케 (나를 버리고.)
>
> 빠르데시 빠르데시 자나 나히 (멀리서 온 그대여 가지 마세요.)
>
> 투 자나 나히 (가지 마세요.)
>
> 무제 초르케 무제 초르게 (나를 버리고, 나를 버리고.)

델리에 도착했다. 법사님이 델리대학원에 유학하며 머물고 계신 댁은 학교 근처 오스트람 라인에 있었다. 터미널에서 집까지 제법 떨어져 있어서 집을 찾았을 때는 너무 늦은 밤이었다. 반가운 마음에도 불구하고 초인종을 누르기가 망설여졌다. 다행히 집 창문으로 전등 불빛이 새어 나왔다. 율과 나는 번갈아 현관문을 두드렸다. 문이 열리고 환한 웃음으로 우리를 반겨주는 법사님이 보였다. 몇 년 만에 뵙는 법사님은 우리가 한때 군 생활을 같이했던 전우였으나 싶을 정도로 승려의 모습이 확연하게 드러났다. 귀도 부처님을 닮아 복스럽게 컸고 눈매는 항상 서글서글하게 웃는 인상이었다. 율과 나는 함박웃음을 짓고 두 손 모아 합장하며 인사드렸다.

집안은 특별한 장신구 없이 소박했지만, 거실 한쪽 기묘한 모양의 쇠붙

모든 신을
포용하는 여꼬

이가 눈길을 끌었다. 티베트에서 만든 도르지라고 했다. 거실 벽에는 붓글씨로 거침없이 쓴 여섯 글자가 액자에 담겨 현판이 걸려 있었다. 무슨 글자냐고 여쭈니 티베트 문자라며 그 뜻을 말씀해주셨다.

"'옴마니밧메훔'이라는 육자진언이지. 시방 삼세에 충만하신 부처님과 중생들의 본심이야."

법사님은 부엌에서 과일을 꺼내와 우리 앞에 내밀었다. 과도를 들고 과일 껍질을 깎으시며 둘이 여행길에서 마음 맞추기 힘들었을 텐데, 어떻게 헤어지지 않고 다닐 수 있냐며 말했다. 그리고 웃으며 전우애로 버티며 다닌 것 아니냐며 장난치듯 말씀하셨지만, 내 속마음을 덜컥 들킨 것 같았다. 얼어붙은 표정으로 어색하게 웃음만 지었다. 손수 깎아주신 과일을 먹으며 그동안의 유학 생활과 군 복무 시절 에피소드를 이야기 나눴다.

내가 절에서 법사님 머리카락을 깎을 때 서툴러서 그만 귀를 잘랐던 이야기도 했다. 당시 부대 내 이발병이 고참이라 신참이 머리카락을 자르는 것이 여간 애먹는 일이 아니어서 보시할 겸 조금씩 이발 기술을 배워서 깎아주었다. 실력은 없었어도 후임병들은 싫은 내색 안 하고 머리를 맡겼다. 휴가 가기 전이 아니라면 굳이 헤어스타일을 따질 필요가 없었다. 나의 어설픈 기술은 절에서 사달을 내고 말았다. 내가 머리카락을 깎을 줄 안다는 이야기를 듣고 법사님이 내게 부탁했다가 우쭐대는 마음에 그만 법사님의 귀를 싹둑 자른 것이다. 귀에서 피가 철철 나고 있었지만, 법사님은 태연하게 웃으며 머리카락은 마저 다 자르라며 너털웃음을 지어 보였다. 난 지혈

하랴 머리를 깎아주랴 너무나 당황스러웠다. 그러면서 울컥하는 마음으로 하소연했었다.

"가위가 핏물로 질척질척해져 못 자르겠어요."

물론 그 후론 후임병 머리카락 잘라주는 일은 더 하지 않았다. 법사님은 자신의 커다란 귀를 보여주며 여기 아직 흉터가 남았다고 크게 웃자 나는 더욱더 미안스러운 마음에 황망해졌다.

서로 나눌 이야기는 끝이 없었지만, 늦은 시간이라 법사님은 씻고 어서 자라며 목욕실로 안내했다. 미리 준비했는지 수건과 잠옷도 내어왔다. 안주나를 떠나고 나서부터는 기차에서 자고 사막 모래밭에서 자고 버스에서 잤다. 따뜻한 목욕물과 뽀송뽀송한 잠옷에 손을 대자 황홀했다. 더구나 버스에서 이틀 내내 고생하며 온지라 목욕을 하니 몸은 곧 꼬꾸라질 듯 노곤해졌다.

안내해 준 서재에서 이불을 펴고 누우니 벽면 가득한 책들이 눈에 들어왔다. 곧바로 잠을 청하지 못하고 서재에 꽂힌 책 제목을 하나하나 보았다. 대부분 영문과 한문으로 된 불교 서적이라서 눈이 쉽게 가지 않았지만, 그중에 '인도방랑'이라는 제목으로 박매영 씨가 번역한 책을 꺼내 들었다. 지은 지 오래된 책이었지만, 인도 여행이 아니고 방랑이라는 제목이 마음에 들었다.

얼핏 책을 넘겨보니 일본인 저자 후지와라 신야가 서술한 모습은 아무리 수십 년 전에 저술한 것이라고 해도 내가 봐왔던 인도 모습과 사뭇 달랐다.

특히 사진 몇 장에서 적잖이 충격을 받았다. 모래밭에 엎드려져 있는 사람 형상과 그 살덩이를 응시하는 들개 모습이었다. 당시 후지와라에게도 적잖이 큰 충격이었을 테지만, 작자는 당연한 일상인 듯 담담히 글과 사진으로 담아냈다. 그는 신을 찾아 헤매는 구루들이 10만 명 이상이고, 대륙 여기저기를 정처 없이 어슬렁거리고 있다고 했다. 인도 문명 초창기부터 이곳저곳을 살아오면서 카스트제도의 한 계급을 차지하지 않는 아웃사이드라고도 표현했는데, 이 구절은 마음에 들었다.

눈을 떴다. 뽀송뽀송한 이불 밖으로 나오고 싶지 않았지만, 거실에서 부산스러운 소리를 듣고 일어났다. 늦게 일어났던 터라 게으름으로 무안했는데, 법사님이 직접 차려준 아침상을 받자니 더욱 미안했다. 한국에서 가져온 것이라며, 된장찌개를 구수하게 요리하셨다. 오늘은 법사님이 델리를 직접 가이드를 해주신다고 하셨다.

먼저 법사님이 다니는 델리대학원 캠퍼스를 누볐다. 캠퍼스는 조용했고 학생들은 팔에 책 몇 권씩 끼며 산책을 하거나 잔디밭에 앉아서 책을 읽고 있었다. 캠퍼스를 돌고 나서 다음으로 레드 포트로 안내해 주었다. 이 왕궁은 무굴 왕조 제5대 황제인 샤자한이 10년에 걸쳐 지은 성이다. 영국군과 싸울 때 많은 부분 허물어졌다지만, 아직 거대한 성벽과 궁전이 남아 있었다. 법사님은 성문을 나오며 문득 일정을 바꾼 듯 새로운 곳으로 데려다주겠다고 했다.

택시를 타고 자동차와 사람들이 엉켜 있는 도로를 달려갔다. 교외에 다다를 즘 큼지막하게 생긴 건물이 보였다. 멀리서 볼 때 무슨 꽃봉오리 같았다. 법사님은 여기가 델리 연꽃 사원이라고 했다. 널따란 정원 가운데 연꽃이 막 피려는 순간을 상징하는 하얀 대리석 건물은 꽃잎 낱장 하나하나 묘사된 듯 섬세하게 조각되었다. 이곳이 사원이라고 하니 신기했다. 안에 들어가니 연꽃을 상징하는 건축물의 의미가 하나하나 눈에 들어왔다. 붉은 점토로 구운 보도블록 위로 연못을 배치하였는데, 그 모습이 마치 진흙탕 위에서 피어난 연꽃을 구현해내려는 의도 같았다. 찬란할 만큼 아름답게 핀 연꽃. 꽃잎이 살짝 겹쳐져 막 개화하려는 듯이 보였으며, 그 사이로 빛이 들어와 사원 내부를 비추었다. 신의 모습이 벽면에 가득 장식된 고대 신전만 보다가 현대 기술로 만든 사원을 보니 새로웠다.

모든 신을
포용하는 연꽃

바하이 사원

　건물 안으로 들어가니 꽃봉오리 모양의 지붕도 꽃잎 결을 하나하나 새겼
고, 중앙에는 자연채광으로 쏟아지는 빛이 실내를 은은하게 밝혀주었다. 화
려한 장식이 없어서 더욱더 넓게 보이는 내부는 조용히 명상에 잠길 수 있
도록 배려되었다. 우리가 어떻게 있어야 할지 우두커니 서 있자 법사님은
잠시 앉아 명상에 빠져 있어도 좋다고 말씀하셨다. 그 말씀을 듣고 의자에
한동안 앉아 있었다. 특별히 무슨 예배나 의식이나 그런 것 없이 단지 머물
러 생각에 잠겨있는 것 자체가 여기 바하이의 종교 생활이었다.

　한동안 사색에 잠겼다. 율도 조용히 눈을 감고 생각에 잠겼다. 한동안 조
용한 시간이 흘렀다. 우리가 명상을 마칠 때까지 법사님은 곁에 앉아 묵묵
히 자리를 지켜주었다. 밖으로 나오자 법사님이 말씀하셨다.

"바하이들은 하느님이 세상을 창조하셨으며, 우주와 인간을 다스리며 유대인, 기독교인, 이슬람교도와 같은 신을 믿는다고 하지. 예수, 무함마드, 크리슈나 모두 바하이의 예언자라고 주장해."
"부처님은 포함하지 않나요?"

율이 황당한 표정을 지으며 물었다. 법사님은 웃으며 화답했다.

"물론 미륵불도 바흐올라를 통해 세상에 출현하셨다고 말하지."
"인간이 모시는 신이란 신은 모두 바하이가 갖고 가는군요."

연꽃 모양의 건물 밖 연못에는 붉은 연꽃이 피어 있었다. 우리나라도 연꽃을 좋아하지만, 인도인은 연꽃을 국화로 정할 정도로 각별하다고 했다. 힌두교에서는 비슈누 신의 부인 락슈미가 인도인에게 행운을 가져다주는데 락슈미는 연꽃에서 태어났다고 했다. 그러면서 혹시 불교에서도 연꽃이 불교를 상징하는 꽃인데 그 이유를 아느냐고 물으셨다. 율이 나서서 대답했다.

"진흙 속에 몸을 담그고 있어도 더럽혀지지 않고 깨끗한 꽃을 피워내는 연꽃이야말로 불교의 기본 교리를 말하죠. 모든 중생은 태어남과 동시에 모두 아름다운 불성을 갖고 있다는 것이죠."

거침없이 대답하는 율을 바라보며 나는 고개를 끄덕였다.
군 복무 중 초파일이 되면 각 부대 군종병과 함께 사찰에 파견되어 보름간 연등을 만들었다. 연꽃잎을 하나하나 창호지에 붙이면서 연등을 만들었는데, 그때마다 손끝은 연꽃 붉은색으로 물들었다. 가을날 손톱에 봉숭아꽃 물들인 것보다 더 붉고 선명했다. 부대에서 소총 들고 훈련하는 중에 사찰에서 연등을 만든다는 경험은 경이로웠고, 그 시간만큼 진창 속에서 머리 내밀어 숨 쉴 수 있었다.

▼
진흙 위 연꽃

18.

너와 내가 다르지 않다면

시크교는 이슬람교와 힌두교의 좋은 점만 취하고
사회의 악습을 끊고자 구루 나나크가 창시하였다.
유일신을 믿고 카스트제도를 반대한다.

시크교 나나크

오늘도 느지막하게 일어나 법사님이 손수 지어준 아침을 먹었다. 법사님은 미처 둘러보지 못한 델리 시내를 편히 갈 수 있도록 개인 택시를 렌트해 주었다. 오늘 일정이 있어서 동행할 수 없지만, 대신 델리대 유학생을 투어가이드로 붙여 주었다. 그러면서 여행할 때 가이드 유무 차이를 분명히 느낄 것이라 했다. 어느 길을 가더라도 혼자 두리번거리며 가는 것보다 끌어주는 사람이 있으면 그만큼 편하고 좋은 길은 없다. 가봐야 할 곳을 가보지 못하고 정작 가본 곳도 온전하게 볼 수 없을 것이다. 마치 장님이 코끼리 코를 손으로 주섬주섬 만지다가 '아, 코끼리는 뱀과 닮았구나!' 하는 깨달음과 같다. 보조 가방을 옆에 메고 현관을 나서니 문가에 놓인 작은 액자가 눈에 들어왔다. 간디의 어록이 담긴 액자였다.

'거짓에서 진실로 인도하시고, 어둠에서 빛으로 인도하시며, 죽음에서 불멸로 이끌어 주소서.'

문 앞에는 검은 택시가 대기하고 있었다. 머리에 터번을 두르고 체구가 무척 큰 운전기사가 차 문을 열어주었다. 유학생이 앞자리에 탔고 우리는 뒷자리에 탔다. 율이 유학생에게 말을 건넸다.

> "운전사분 시크교도 맞죠? 그러고 보니, 소공녀에서 나오는 인도인 집사가 시크교도였네요."
> "복장이 특이하죠? 시크교 복장은 종교보다 전쟁 때문에 생겨난 거예요. 전투를 벌일 때 적과 아군을 구분하기 위해서 이런 복장을 갖추었대요. 전사했을 때는 머리 두건을 풀어 시신을 감쌌고요. 시크교도는 터번 말고 단도와 팔찌를 항상 휴대해요."

덩치 큰 시크교 기사는 우리를 태우고 액셀을 힘껏 밟았다. 사이드미러가 멀쩡한 자동차를 본 건 처음이었다. 기사에게 터번을 가리키며 덥지 않으냐고 물어보니 웃으며 어릴 때부터 쓰고 다녀서 괜찮다고 했다. 요즘 젊은이들은 터번을 잘 안 쓰고 수염이나 머리도 기르지 않는다고 했다. 그러면서 자기 터번을 매만지며 어릴 때는 머리 전체를 천으로 감쌌지만, 어른이 돼서는 천으로 머리를 몇 번 둘러쓴다고 했다.

먼저 우리는 가이드의 안내로 왕의 길이란 라즈파트로 갔다. 택시 안에서 가이드는 우리가 시크교도에 관심을 두자 종교학과를 전공하는 사람으로서 시크교에 대하여 설명해주었다. 시크교는 인도의 고질적인 종교대립을 극복하고자 이슬람과 힌두교를 섞어 만든 종교다. 신은 오직 하나이며 우상을 만들지 않는 것은 이슬람에서 가져오고, 사람의 영혼은 윤회하며 신과 하나가 되기 위하여 수행해야 한다는 것은 힌두교에서 빌려왔다는 것이다. 설명을 듣기 전 유일신을 믿는 이슬람과 여러 신을 믿는 힌두교가 어떻게 조화될 수 있는지 궁금했는데 다소 수긍이 됐다.

라즈파트에 접근할수록 길은 넓어지고 한 나라의 수도인 만큼 도로는 정비되어 있었다. 도로변으로 인도와 공원이 잘 조성되었는데, 인도에서 인도를 본 것도 델리에서 처음이었다. 자동차와 사람과 소들이 뒤엉켜 혼란스러운 그런 거리가 아니라 서로 가는 길을 다르게 만든 잘 정돈된 도로였다. 유학생은 투어가이드보다 종교 강의가 적성에 맞는 듯 계속 시크교에 관하여 이야기했다.

힌두교와 이슬람 갈등의 상징 ◀
꿉뜨 미나르 승전탑

"시크교는 15세기 구루 나낙이 창시했습니다. 당시 인도는 힌두교나 이슬람교 지도자라는 사람들이 가난한 사람들을 종교 명목으로 착취하고 있었죠. 지금도 마찬가지겠지만, 당시 사제들은 사람들의 영혼을 구제하는 일에 그리 큰 관심을 두지 않았어요. 오직 신을 팔아 자신들 이익만 추구했죠. 그런 시기에 구루 나낙이 나타나 앞으로 사람이 사람을 이끌 수 없으며, 사제나 신도나 똑같다고 했습니다. 또 누구나 종교의식을 주재할 수 있도록 했죠. 남녀노소 누구를 막론하고 말이죠."

종교학 강의는 계속됐다. 직업을 중시하고 축적된 부의 분배를 종교적으로 권하다 보니 시크교도가 금융이나 엔지니어 분야에서 두각을 나타내 인도 사회에서 높은 지위를 차지하고 있다고 했다. 이슬람이 돼지를 금기시하고, 힌두교가 소를 먹지 못하게 하는 것과 달리 시크교도들은 소고기, 돼지고기 골고루 잘 먹어 체구도 크다고 했다. 우리는 운전석을 가득 메운 택시기사 몸집을 보며 고개를 끄덕였다.

어느새 라즈파트에 도착했다. 저 멀리 거대한 게이트 조형물이 보였다. 가이드는 손가락으로 가리키며 인디아 게이트라고 설명해주었다. 인디아 게이트는 제1차 세계대전에서 목숨을 잃은 군인을 위하여 세운 기념물이라며, 8만5천 명의 위패가 모셔져 있고 죽은 이의 영혼을 추모하기 위한 불이 타오르고 있다고 했다. 게이트를 한 바퀴 돌고 길게 뻗은 대로를 지나니 국회의사당을 비롯한 관공서가 밀집되었다.

가이드는 인도의 위대한 영혼이자 건국의 아버지라는 간디 기념박물관으로 우리를 안내했다. 마하트마(성인)로 불리는 간디 박물관은 평소 소박하게 살았던 생활상을 반영하듯 전시내용이나 건물 규모가 크지는 않았다. 박물관에는 간디의 사진과 그가 입었던 옷과 읽었던 책, 짚던 지팡이 그리고 그 유명한 물레도 전시되어 있었다. 그러면서 간디가 힌두교 광신자의 총에 맞아 사망한 장소도 안내해 주었다. 추모 장소 곳곳에 화사한 꽃들이 그의 명복을 빌어주었다.

가이드는 인도 정치인 중 간디 이름을 가진 분이 또 있다며, 그는 인도의 독립운동가 네루의 외동딸이었다고 한다. 인도 총리까지 되었지만, 시크교 경호원들에게 암살당했다고 했다. 이유는 시크교도들이 분리 독립을 요구할 때 인디라 간디 총리는 시크교 황금 사원에 군대를 보내 많은 시크교도를 죽였기 때문이다. 시크교도의 직업윤리가 아무리 철저하다지만, 경호원들은 자신의 친구와 친지가 학살당하고 종교적 고향이 피로 짓밟힌 것을 묵묵히 보고만 있을 수 없었다. 총리의 경호원과 시크교 교인으로서 갈등하던 그들은 결국 총리에게 방아쇠를 당겼다. 원한에 대한 복수는 또 다른 보복을 낳는다. 많은 시크교도가 인도 각지에서 또다시 학살당하고 말았다.

▶ 힌두교와 이슬람을 융화하려 했던 간디와 그의 묘소 라즈가트

쾌청한 하늘로 점점 구름이 몰려들었다. 해도 뉘엿뉘엿 넘어갈 준비를 하는 듯했다. 사람들은 점점 더 많이 몰려다니며 구경하고 잔디밭을 뛰어다니기도 했다. 가이드와 함께 택시로 돌아와서 델리대학교로 돌아왔다. 가이드는 자기가 공부하는 학교라며 가끔 인도에 관광 오는 한국 사람들 가이드하며 학비를 번다고 했다. 캠퍼스 근처에서 가이드는 운전사에게 말했다.

"씽! 이제 집으로 갈게요. 수고했어요."
"택시 기사님 이름을 알았어요? 처음 만난 것 같았는데."
"사실 모든 시크교 남자는 '씽'이라는 이름을 갖고 있어요. 여성은 '카우르'라는 이름이 있고요. 씽은 사자를 의미하죠. 물론 카우르는 암컷 사자라는 뜻이고요. 시크교는 아마도 계급 없는 사회를 만들기 위해 사람 이름도 같게 만들려고 했나 봐요."

가이드 덕분에 모르던 유적에 대하여 자세히 알 기회가 되었다. 다만, 아쉬운 점은 오늘 보고 들은 것은 모두 가이드가 세상을 바라보는 자기만의 프레임 안이라는 것이다. 내가 보고 싶은 것이 무엇인지 알아가고, 그걸 찾기 위해 걷는다는 건 굉장한 일이었다. 리무진 택시 뒷좌석에 편하게 앉아 가이드 설명을 들으며 관람을 하는 것보다 덜컹거리는 버스 뒷좌석이 나을 수 있다고 느꼈다.

더 아쉬운 것은 라자스탄에서 머물 때, 펀자브로 가지 못한 일이다. 거기서 만난 인도 방랑자 제즐은 우리가 동쪽 델리로 간다는 말을 듣고는 만류하며 북쪽으로 가라고 했었다.

"진정 신을 만나러 왔다면 북쪽으로 더 가라. 거기에 내가 본 사원 중에서 가장 화려한 황금 사원이 있다. 암리차르에 있는 골든 템플이자 시크교의 본거지다."

황금 사원이라고 되물으니 금색 페인트칠한 것이 아니라 황금 400kg으로 덮은 진짜 황금 사원이라고 했다. 그 사원은 남녀노소 할 것 없이 외국인이든 가난한 자든 평등하게 황금 사원에 들어갈 수 있다고 했다. 제즐은 암리차르에서 시크교 기도문을 외웠지만, 지금은 마지막 구절밖에 모른다고 했다. 그는 마치 신비로운 진언을 알려주듯 천천히 말했다.

"시간 이전에 진리가 있었고, 지금도 진리는 있다. 앞으로도 영원히 진리는 있을 것이다."

저녁때 법사님 대학원 클래스메이트가 모두 모였다. 한국에서 성지 순례하기 위해 왔다는 소식에 몰려왔으며, 한국인 유학생뿐만 아니라 티베트인 빠디도 있었다. 그들은 델리대 인근에서 맛있기로 소문난 식당에서 우리에게 저녁 식사를 융숭하게 대접했다. 빠디는 선한 인상을 주는 사람이었지만, 초반에 낯설어 말도 못 건넸다. 차차 대화에 끼어들어 이야기를 나누었다.

"남쪽 힌두사원은 시바 신을 많이 모시고, 북쪽 사원은 비슈누 신을 많이 숭배하고 있더라고요."
"오! 예리한데? 그걸 어떻게 알아차렸어?"

힌두교는 기원전 2500년 인더스 문명과 함께 생겨난 민간신앙과 기원전 1500년 아리아족의 침입으로 브라만교가 합쳐진 종교라 했다. 고대 인도의 토속신앙과 아리아족의 외래신앙이 합쳐진 독특한 신앙이 생겼으며, 그중 새로운 지배자가 된 아리아족 자신들은 상층계급인 브라만과 크샤트리아가 되었다고 했다. 기존 아리아족의 하층민이었던 바이샤는 원주민들이 노예계급으로 편입되는 덕에 평민계급이 되었다. 원주민들은 데칸고원 남쪽으로 내몰려 천대와 핍박을 받으며 살 수밖에 없었으며, 하층계급이 주류를 이룬 남인도가 기존 질서를 파괴하는 시바 신을 따르는 것은 당연했다. 반대로 인더스강과 갠지스강의 풍요로운 평야 지대의 북인도 사람들은 현 질서가 유지되길 바라며 비슈누 신을 더 모시는 것이라 했다.

저녁을 먹고 나서 문이라는 한 유학생이 우리에게 한잔 사주겠다며 카페로 장소를 옮겼다. 그는 밤늦게까지 독한 럼을 사주며 자신이 배우고 느낀 종교관에 대하여 장황하게 늘어놓았다. 그는 이번에 우파니샤드에 관한 논문을 쓴다고 했다. 베단타로 불리는 우파니샤드가 힌두교의 이론적 토대를 형성함으로써 베다의 정수가 될 수 있는가에 대하여 논한다고 했다. 거침없이 내뱉은 그의 말은 현학적이어서 들을수록 이해하기 힘들었다. 율은 그에게 많은 질문을 하며 대화를 이어갔지만, 나는 입을 꾹 다물었다. 믿음은 말로서 생기지 않는다는 것을 알았기 때문이다. 스스로 미욱하다고 생각하고 깨우침이 없으니 믿음이 의심돼 버리는 느낌이 들었다. 대신 오래간만에 마시는 술로 입술을 적시기만 했다.

목이 마른 사람에게 호숫가에 데려가 목을 축이라고 했더니 그 사람이 응하지 않고 호숫가에 입을 대지도 않았다. 왜 그러냐고 물으니 목이 마른

사람은 이 많은 물을 어찌 다 마실 수 있냐며 화를 냈다. 그러자 그를 인도
한 사람이 혀를 끌끌 차며 말했다.

'네 목을 축일 만큼 먹을 수는 있지 않냐?'

시크교 성지 암리차르

19.

3000단계 윤회에 갇힌 라주

다르마 종교는 기본적으로 윤회를 믿으며
원인과 결과의 인과법칙을 중요한 교리로 믿는다.
해탈의 경지에 이를 때까지 윤회는 계속 이어진다.

다르마 종교

아그라역에 도착하니, 많은 릭샤왈라와 택시 운전사, 호텔 브로커들이 달라붙었다. 개찰구에서 나오는 관광객마다 여럿이 아우성치며 달려왔다. 노련한 여행객은 몇을 잡고 서로 흥정붙이며 제일 싸게 부른 왈라의 자전거를 타고 역을 빠져나갔다. 그렇지 못한 외국인들은 많은 인도인에 둘러싸여 어쩔 줄 몰라 했다. 우리는 오토릭샤나 택시를 소유한 사람과는 흥정하지 않았다. 타지마할을 관광할 때 매연이 심한 오토릭샤나 택시를 피해 달라는 호소를 가이드북에서 보았기 때문이었다. 이미 심한 대기오염으로 타지마할의 화려한 대리석은 부식 현상이 생기고, 돔 일부에서 탈색까지 되었다고 했다. 심지어 심한 스모그와 헤이즈 때문에 레드포트에서 타지마할이 보이지 않을 때가 많다고 했다.

흥정하는 사람 중 특이하게 한국말로 '싸요'라고 말하는 왈라가 있어서 그를 하루 동안 고용했다. 왈라는 자신의 이름을 라주라고 소개했다. 아침에 당일 손님을 일찍 잡은 것을 행운으로 생각했음인지 검게 그을린 얼굴은 밝은 표정이었다. 그는 페달을 열심히 밟으며 타지마할에 관하여 이야기했다.

"타지마할은 샤자한 왕이 만들었다. 왕은 타지마할이 완성된 직후 더 아름다운 건축물을 만들지 못하도록 공사 인부 손목을 잘랐다. 22년 동안 매일 2만 명이 힘들게 일했는데 그들 손목을 잘랐다."

라주는 뒤돌아 한 손을 치켜세우며 손목이 잘린 것처럼 손목을 꺾어 흔들었다. 흡사 손목 잘리기 직전 인부의 모습처럼 눈을 크게 뜨고 놀라는 표정을 익살스럽게 지었다.

"타지마할이 처음 완성되었을 때는 지금보다 훨씬 호화롭고 아름다웠다. 영국이 인도를 침략했을 때 타지마할의 황금 돔부터 벽면에 박힌 많은 보석을 빼어갔지."

그는 우리에게 많은 것을 설명하려 했지만, 자전거 릭샤를 끄는 것에 슬슬 힘에 부치는지 숨을 헐떡였다. 이제 더 말도 못 하고, 그는 가느다란 다리로 헉헉대며 페달만 밟았다.

붉은 성곽 문틈으로 타지마할이 살짝 보였다. 얼른 고개를 돌렸지만, 찰나 동안 하얗게 빛나는 거대한 대리석 건물을 보았다. 아찔한 느낌이었다. 하얀 면사포 뒤 새 신부의 얼굴을 얼떨결에 훔쳐보고 그녀의 아름다움에 가슴이 두근거렸다면 비슷한 표현일까? 과연 타지마할의 아름다움은 과장됨이 없었다. 얼핏 스치듯 한 뼘 문틈으로 타지마할을 보았건만, 그 짧은 순간에 가슴이 콩닥거렸다. 숨을 깊이 들이마시고 성문에 들어섰다. 정면 분수 길을 따라 타지마할로 서서히 다가갔다. 가는 동안 햇빛에 반사돼 눈이 부신 타지마할의 규모는 고개를 좌우로 돌려도 그 건물이 시야에서 벗어나질 못했다. 나는 고대 유적지가 가져다주는 웅장함과 화려함에 압도됐다. 그리고 분명하게 느꼈다.

'앞으로 어떤 유적지를 보아도 더 흥미롭지 못할 것이다.'

큰 강에 도착한 사람은 더 작은 시냇물에 연연하지 않는다. 타지마할을 본 이상 감동할 수 있는 건물은 지상에 더는 존재하지 않을 것 같았다. 율도 감탄사를 남발하며 카메라를 꺼내 앞으로 끌려가듯 걸어갔다. 나도 이끌려가듯 타지마할 동쪽 성문으로 발걸음을 옮겼다. 가까이서 바라본 타지마할 벽면은 모두 대리석을 파내어 색깔이 아름다운 돌이나 보석으로 채워 넣었다. 치장된 보석은 꽃과 잎사귀의 문양으로 벽면 전체가 보석이었다. 상감기법

▼
백색의 진주 타지마할

으로 무늬를 넣은 것으로 우리나라 고려청자와 같은 기법이다. 도자기 표

면에 상감기법으로 새겨진 무늬가 참 아름답게 느껴졌었지만, 타지마할은 건물 전체가 도자기 표면처럼 꾸몄다. 이런 화려함의 극치는 처음 보는 것이라 두근거리는 가슴이 진정되지 않았다.

건물 안쪽에서 웃음소리가 들렸다. 두 명의 여행자가 인도 전통의상인 사리를 입은 채 사진을 찍고 있었다. 천정에 새겨진 기둥의 조각을 천천히 감상하면서 발걸음을 옮기자, 노란색과 붉은색 사리를 입은 그들이 내 앞으로 다가와서 사진기를 내밀며 사진 좀 찍어달라고 말했다. 다소 서투른 영어였다. 나를 일본인으로 착각하고 영어를 썼나 싶어서 우리나라 말로 한국에서 오셨냐고 물었다.

두 사람은 눈을 동그랗게 뜨고는 서로를 쳐다보았다. 이번에는 그들에게 영어로 대만에서 왔냐고 물어보았다. 그녀들은 웃음을 지으며 아니라는 말을 짧막하게 했다. 나도 가벼운 미소를 짓고 사진을 찍어주었다.

그들은 일본 요코하마 대학생 리에와 마사에였다. 여행 중 오랜만에 말벗을 만났음인지 우리는 허물없이 일행이 되어 타지마할 곳곳을 돌아다녔다. 마사에는 타지마할을 관람할 때 입으려고 일부러 인도 전통 옷 사리를 샀다고 했다. 그러면서 타지마할 주인공이 '궁전의 보석'이라는 뜻의 뭄타즈 마할이며, 아이를 낳다가 세상을 떠났고, 이에 몹시 슬퍼한 왕은 세상에서 가장 화려한 무덤을 만들었다는 이런저런 이야기를 나에게 들려주었다. 타지마할 안에서 우리는 동시에 순백색 대리석과 완벽한 대칭 구도의 건물에 압도되었다. 가장자리에 서 있는 네 개의 첨탑까지 걸어가며 누가 더 타지마할의 아름다움을 묘사하는지 이야기하기도 했다. 그러다 리에는 다소 굳은 표정으로 말했다.

"타지마할을 지은 샤자한 왕은 자기 아들에게 붙잡혀 저기 아그라 포트에 갇혀 지내게 되었대. 야무나강을 사이에 두고 성에 갇힌 왕은 다시는 타지마할에 오지 못하고 세상을 떠났지. 사랑하는 여자에게 다가가지 못하고 바라보아야 했던 왕. 슬픈 이야기다."

타지마할에 얽힌 이야기는 비극이었지만, 멀리서 이런 신비로운 곳에 왔다는 감흥을 억누르기엔 젊은 여행자들은 들떠있었다. 서로 웃고 이야기 나누며 돌아다니느라 커다란 성곽 안에서 문 입구를 그만 잃어버리고 말았다. 리에가 이쪽이라고 따라가면 어두운 창고가 나오고, 마사에가 저쪽 길이라고 하면 커다란 정원이 나왔다. 서로 난감해했지만, 누가 먼저 출구를 찾는지 아이스크림 내기도 하며 출구를 찾았다. 우리는 그동안 서로가 다녔던 여행지에 관해서 이야기를 나누었다.

마사에와 리에는 내가 다음에 도착할 바라나시에 관하여 설명했다. 볼거리는 주로 강가에 몰려있는데, 보트를 타고 갠지스강에서 기도하며 목욕하는 순례자들과 가트에서 수행하는 구루를 볼 수 있다고 했다. 단지 강가를 어슬렁거리는 것만으로도 바라나시 여행은 충분하다고 했다. 그들과 나란히 걸으며 이야기하는 중 마차에서 마부가 나와 손짓하며 빨리 오라고 했다. 마사에와 리에가 타고 왔던 마차로 다음 목적지를 향해 떠나야 했다.

그녀들은 마차 안에서 뒤돌아 나를 보며 손을 흔들곤 떠났다. 나도 성문에 선 채로 그들을 배웅해주며 손을 흔들어주었다. 마차가 떠난 자리에 율이 자전거 릭샤 옆에 있었다. 라주는 나를 보자 자전거에서 내려 우리가 앉을 좌석을 열심히 닦았다. 율은 재미있게 놀았냐고 내게 물었다. 자기를 저

버리고 일본 여자들을 쫓아다녔다는 눈빛이었다. 그 와중에 한 구두닦이 소년이 우리 주위를 맴돌았다. 운동화를 신고 있는 내게 소년은 계속 구두를 닦으라고 성화였다.

라주가 릭샤 청소를 마치자 율과 나는 아그라 포트로 이동했다. 성곽이 웅장하고 붉은색 돌이 성돌로 쓰여 레드 포트라는 이름이 붙기도 했다. 아그라 포트에서 바라보는 타지마할은 주변 첨탑들에 둘러싸여 애련하게 보였다. 세상에서 그토록 진귀한 보석들을 모아 사랑하는 아내를 위해 화려한 무덤을 만들었건만, 정작 왕은 그곳에 가지도 못하고 눈을 감아야 했다. 타지 왕도 옛 솔로몬 왕처럼 울부짖으며 외쳤을 것이다.

'모두 다 헛되고 헛되며, 헛되고 헛되니, 모든 것이 헛되도다!'

▼
이티마드 우드 다울라 묘

　어느덧 해가 뉘엿뉘엿 저물기 시작했다. 해어진 슬리퍼로 열심히 페달을 밟고 있는 라주가 잠시나마 콧노래를 불렀다. 그는 힐끔 내 눈치를 보더니, 작별 선물이라며 손에 무엇인가를 건넸다. 종이에 말린 검은 초크 모양이었다. 그로부터 얼떨결에 넘겨받은 것이 해시시임을 알고는 무척 당황했다.

"이게 무엇이지?"

"꿈!"

"꿈? 미안하지만, 받을 수가 없다. 우리는 이것을 할 수가 없어."

"너는 한국을 떠나 있지 않으냐?"

"다른 나라에 있어도 내가 한국인이라는 것은 달라지지 않지."

"너는 이곳까지 멀리도 왔으면서 여전히 버거운 것을 짊어지고 왔구나. 선물이다. 자기 전에 맡아봐라. 잠이 잘 올 거다. 그리고 기분 좋은 꿈을 꾸게 될 거다. 그 꿈에서 너는 온갖 아름다운 것을 볼 거다. 커다란 궁전, 예쁜 댄서, 맛있는 음식."

내리막길이라 그는 헐떡이지 않고 페달을 밟으며 꿈꾸듯 아롱거리는 목소리로 말했다. 그의 목도리가 바람에 너울거렸다.

"너는 이런 거 없이도 푹 잘 수 있지 않겠냐? 온종일 우리를 이끌고 돌아다녀 피곤했을 테니까."

그가 웃었다. 희미하게나마 미소 짓고 있지만 묘하게 일그러진 웃음이었다. 그는 앞을 바라보며 페달을 힘껏 내딛자 그의 누더기 같은 숄이 뒤로 휘날렸다.

"너는 내가 오랜만에 맞이한 손님이다. 네가 나에게 줄 100루피 중에서 40루피는 릭샤 대여료로 주고, 나머지 60루피로 쌀과 채소를 살 것이다. 나는 부인과 딸이 셋이 있다. 그들은 항상 굶주리고 있지. 아직 집은 없어서 교외에 천막 치며 살고 있다. 그리고 1월 밤은 무척 춥다. 몸이 피곤해도 내가 쉽게 잘 수 있겠는가?"

해가 넘어가서 어두워지려는지 벌판 너머로 땅거미가 어스름이 깔려왔다. 그럴수록 그는 밀려오는 어둠을 피하려는 듯 페달을 더욱 빨리 밟았다.

3000단계 윤회에
갇힌 라주

라주의 뒷모습이 순간 왜소해 보였다.

"라주! 이 해시시가 만드는 꿈 말고 다른 꿈은 없는가?"
"왜 없겠냐? 하지만, 돈을 버는 것 이외에 무엇이 달리 있겠나? 돈
이 모이면 나는 이 사이클 릭샤를 살 것이다. 내가 직접 이 릭샤의
주인이 되는 것이다. 여기에 한국 사람이 점점 많이 온다. 한국인들
에게 나의 이름을 알려 달라. 나의 이름은 라주다. 기차역에서 나의
이름을 부르면 난 달려갈 것이다."

그의 뒷모습을 보고 고개를 끄덕였다. 그가 한국말을 배우고 있는데, 외
우고 있는 문장이 있다고 하여 무엇이냐고 물었다.

"자전거, 싸요, 택시, 비싸요!"

그가 웃었다. 담뱃재에 붉어진 이빨이 그의 검은 얼굴에서 선명히 드러
났다. 나도 희미하게나마 웃음을 지었다.
날이 어두워지려니 금세 한기가 느껴졌다. 외투 지퍼를 잠그고 주머니 속
에 손을 넣었다. 타지마할을 뒤로하고 기차역으로 달려가는 길은 초원을 가
로질러야 했다. 길 양편으로 황무지가 널따랗게 펼쳐졌다. 해는 평원에 걸려
서 하늘을 분홍빛으로 물들였다. 석양을 같은 눈높이에서 본다는 것이 여간
신기한 게 아니었다. 우리나라에서는 해는 언제나 높은 산머리에 걸려 뉘엿
뉘엿 넘어가는데, 인도 평원에서는 해가 평탄한 대지로 푹 가라앉았다.

라주가 조용한 목소리로 바라나시로 곧장 가느냐고 묻고는 내가 고개를 끄덕이자 뒤돌아 말했다.

"나도 언젠가는 바라나시로 갈 것이다. 내가 죽음을 맞이할 때 바라나시의 강가에서 있었으면 좋겠다."

그러면서 내세에 잘 환생하기 위해 죽음의 순간 바라나시에서 죽음을 맞이하여 화장 후 강가에 뿌려진다면 시바의 세계로 간다고 했다. 힌두교도의 이상적인 삶은 좋은 곳에 태어나 사랑하는 사람을 만나고, 그와 인생을 달콤하게 즐기며, 살다가 노년에 모든 것을 내려놓고 죽기 전 구원을 받는 것이다. 라주는 그나마 사랑하는 사람을 만났지만, 인생을 즐기지 못했다고 했다. 하지만 마지막은 강가에서 구원받고 싶다고 했다. 나는 알았다. 그에게 그 마지막 희망도 물거품이 되리라는 것을. 라주도 인생의 마지막은 바라나시에서 머물다 죽은 후 강가에 뿌려지길 원하지만, 이는 가진 자들만이 누릴 수 있는 사치였다. 가난한 사람들은 대부분 길거리나 판잣집에서 쓸쓸하게 임종을 맞는다.

역사 주변에 다다를 때쯤 주변이 혼잡한지 마차와 사이클 릭샤가 엉켜 있었다. 교통 경찰관들이 사정없이 왈라들을 몽둥이로 내리치며 도로를 정리하고 있었다. 우리를 역 가까운 곳에 내려다 주려던 라주도 경찰관의 몽둥이질을 피하지 못했다. 그의 야윈 등을 경찰관은 사정없이 후려쳤다. 여기는 호루라기나 신호봉으로 대신 몽둥이로 교통정리를 한다. 라주가 애처롭게 매 맞는 것을 보고 우리는 서둘러 내려 그에게 작별 인사를 했다. 그는 고맙다며 경찰관 몽둥이질을 피해 뒤돌아 갔다.

▼
아그라 포트 밖의 사람들

　힌두교에서 말하는 윤회와 카르마는 카스트제도를 뒷받침하며 인도인들의 도덕을 키워준다고 했다. 이번 생에서 선행을 많이 베풀어 좋은 업을 쌓으면 다음 생에서는 한 계단 상승한 카스트를 부여받고, 만약 나쁜 일을 했으면 다음 생에선 한 계단 내려간 계급을 받는다. 그래서 인도의 카스트는 더 복잡해져 수천 개의 계급으로 나누어지기까지 했다. 사회 주류층은 인도에서 카스트가 없다면 도덕심이 사라지고 사회는 혼란스러워진다고 말했다. 하지만, 카스트는 숙명적인 올가미로 가난한 사람이 자신의 운명에 굴종케 하는 멍에 그 이상도 아니다.

20.

신을
믿지 않는 나라

도교와 유교는 엄연히 종교로 분류되며
현세 이익적인 면이 강하나 자신을 수양함으로써
인간의 보편적인 질서를 회복하려고 하였다.

유교와 도교

　　잔시의 한 호텔 객실에서 짐을 풀었다. 율은 옆에서 옷을 갈아입으며 내일은 카주라호로 가자고 했다. 델리에서 넘어오는 여행자들은 아그라를 거쳐 대부분 카주라호에 들른 후 바라나시로 간다. 하지만 나는 의외라는 듯 바라나시로 가자고 해놓고서 왜 갑자기 카주라호로 가냐고 되물었다. 그는 아그라에서 만난 한국인으로부터 카주라호에 대하여 재미있는 이야기를 많이 들었다며 거기는 꼭 들러야 한다고 했다. 나도 들어서 알았다. 그 도시에 들어선 사원에는 벽마다 노골적인 성교 장면이 정교하게 새겨져 있어 호기심 많은 여행자라면 꼭 들르는 도시였다. 카주라호는 관능적인 달의 도시로 불렸다. 나는 성지순례 일정이 많이 지체된다고 그동안 닦달할 때는 언제고, 이제는 왜 일정에도 없는 곳으로 가냐고 심통을 부렸다. 그는 당황하며 볼멘소리로 항변했다.

　　"나는 너 때문에 남쪽 고아도 갔고, 북쪽 라자스탄도 따라갔다. 네 뜻대로 멀리까지 돌아왔는데, 이제 내가 가까운 카주라호를 가겠다는 것에 반대하냐? 너무 이기적이잖아!"

"난 고아에서 더 남쪽 함피로 내려가고 싶었고, 라자스탄에서는 더 북쪽 카슈미르로 가고 싶었다. 네 눈치 보며 그러지 못했어."

나는 억울하듯이 대답했다. 우리 둘은 서로 옥신각신했다. 그러다 나는 잠시 숨을 고르고 머뭇거리다 말했다.

"우리는 서로 가고자 하는 길이 너무 다르구나."

결국, 율은 홀로 서쪽 카주라호로 가기로 했고, 나는 동쪽 바라나시로 떠나기로 했다. 그는 아침 일찍 출발하는 카주라호행 열차를 타기 위해 다시 배낭을 꾸렸다. 짐 정리가 끝난 후 소등하고 각자 침대에 누웠다. 얼마 시간이 지난 후 율이 말했다.

"넌 애초에 부처님에 대한 진지한 믿음이 없었지. 단지 매사에 성실했을 뿐이었다. 누구를 믿든 상관없이."

그의 말에 아무 대꾸 없이 이불을 뒤집어쓴 채 무슨 뜻인가 곰곰이 생각했다. 환경에 잘 적응하고 대상이 누구든 그에 충실했다면 내게는 선택할 수 있는 능력이 없다는 의미일 것이다. 법당에서 머물 때 물을 닮고자 했다. 보름달이 뜨면 보름달을 비추고, 그믐달이 뜨면 그믐달을 수면에 비추고자 했다. 잔잔한 파문도 없이. 과연 내게 근본적인 믿음이란 것이 존재하지 않는가?

신을 믿지
않는 나라

율이 이불을 뒤치락거리며 가느다란 한숨 소리가 내뱉었다. 동반자와 함께하는 여행은 때론 참견이 되지만, 몸을 쉬거나 일어설 때 서로 의지하여 낯설거나 두려운 길에서도 든든했다. 앞으로 홀로 떠나는 여행은 비록 자유롭다고 하나 어디를 가서 무엇을 볼지 깊은 한숨이 나왔다. 불교 경전 중 기억나는 구절을 가만히 속으로 읊조려 보았다.

> '서로 사귄 사람에게는 사랑과 그리움이 생기고 사랑과 그리움으로 인하여 괴로움이 생긴다. 사랑과 그리움에서 우환이 생기는 것을 알고 무소의 뿔처럼 오직 혼자서 걸어가라. 큰소리에도 놀라지 않는 사자와 같이 그물에 걸리지 않는 바람 같이 물에 더럽혀지지 않는 연꽃같이 무소의 뿔처럼 오직 혼자서 걸어가라.'

율은 아침에 출발하는 카주라호행 열차를 타기 위해 역사로 갔다. 그를 배웅하러 역사에 나와 그를 실은 기차가 출발할 때 손 흔들며 작별했다. 서로 무표정한 얼굴이었다. 그가 탄 열차는 서쪽으로 출발했다.

호젓하게 잔시 시내 골목을 돌아다녔다. 좁은 골목길 작은 식당에 들러 오믈렛과 펩시를 먹으며 성곽 주변을 어슬렁거리며 돌아다녔다. 동네 아이들은 낯선 이방인 주변으로 몰려다니며 '포토! 포토'를 외치거나 아니면 '박시시'를 외치기도 했다.

잔시는 북쪽의 갠지스 평원과 산맥 사이에 있는 구릉지에 성벽으로 둘러싸인 대도시다. 주요 도로와 철도가 교차하는 교통 요지였기에 인도와 영국과의 전쟁에서도 중요한 길목을 차지했다. 바로 세포이 항쟁의 주요 무대였다. 교과서에서는 세포이의 반란이라고 표현하지만, 인도에서는 제1차 인도 독립전쟁으로 부른다.

독립전쟁은 종교적인 문제에서 영국에 대한 반감으로 시작됐다. 당시 영국은 서구식 교육을 도입하면서 계급 간의 차별을 금지했는데, 힌두교도는 이를 인도의 카스트제도를 무너뜨리려 한다고 생각했다. 그러던 중 소와 돼지기름이 묻은 탄약이 도화선이 되어 힌두교와 이슬람교를 똘똘 뭉치게 했다. 분노한 세포이들은 영국인 장교들을 처형하고 수도 델리로 진군했다. 세포이 반란 소식은 전국 각지로 퍼져 독립을 위한 전쟁으로 퍼졌으며, 무굴제국의 황제도 세포이와 함께 영국과 전투를 벌였다. 하지만, 영국군의 막강한 화력으로 델리에서 패한 세포이들은 패퇴를 거듭한 끝에 잔시까지 물러났다. 그때 여기 잔시의 여왕 락슈미 바이가 군대를 다시 모아 영국과 끝까지 전투를 벌여 잔시를 탈환하고 독립전쟁을 이끌었다. 그녀는 남자들처럼 최전선에서 직접 칼을 들고 영국군과 싸웠으며, 결국 전투 중 영국군 총탄에 맞아 전사했다. 이후 독립전쟁에서 패배한 세포이들은 영국인으로부터 잔혹하게 살육당하고 만다.

모든 역사적 사건들은 이해관계에 따라 해석을 달리한다. 잔시의 여왕 락슈미는 민족해방전쟁에 있어서 영웅이다. 동시에 여성해방 전쟁에서는 수구였으며, 착취계급의 계급투쟁에서는 적이었다.

▼
티베트 독립을 외치는 승려들의 행진

　공원에서 락슈미 상을 보고 한가롭게 돌아다니고 있으려니 멀리서 한 무리가 깃발을 들고 행진하고 있었다. 형형색색의 깃발 선두에는 붉은 가사를 입은 스님들이 있었다. 공원까지 몰려온 스님들은 티베트 스님들로 선두에서 구호를 외치면 후미 행렬에서 일제히 구호를 따라 외쳤다. 스님들이 무슨 사연으로 깃발까지 흔들며 시위까지 하나 싶었다. 호기심이 생겨 공원 벤치에 앉아 스님들을 바라보았다. 공원 조경수까지 다다른 시위 행렬은 나무 그늘에서 잠시 쉬기로 했는지 대열은 흩어졌다. 스님들은 삼삼오오 짝지어 의자와 그늘을 찾았다.

　한 젊은 티베트 스님이 내 옆에 앉아 인사를 나눴다. 자신들은 중국으로부터 티베트 독립운동을 하고 있다며, 작년 11월부터 인도 전역을 돌며 달라이 라마와 붓다의 이름으로 평화로운 행진을 하고 있다고 했다. 오랫동안 뙤약볕 아래에서 걸었는지 얼굴은 땀으로 젖어 있었다.

그들은 절절한 외침과 땀방울로 티베트 독립을 외치지만, 공허하고 무기력해 보였다. 인도 각지를 돌며 독립을 외친다고 하나 인도가 티베트 대신 중국에 독립 국가를 요구할 것 같진 않았다. 티베트 스님에게 조심스럽게 물어봤다.

"이렇게 행진하면 중국으로부터 독립할 수 있다고 생각하는지요?"
"이렇게라도 해야지 마음에서 평화를 얻는다. 우리는 알다시피 붓다를 모시는 수도승이다."

두꺼운 붉은 가사를 입은 승려는 더운 듯 옷깃을 펄럭였다. 그러면서 내가 어떻게 인도에 왔는지 물어왔다. 나는 불교 성지인 룸비니부터 보드가야와 사르나트, 쿠시나가르까지 갈 거라고 말했다. 호기심이 멈추지 않아 거듭 여쭈어봤다.

"혹시, 달라이 라마도 행진 대열에 계시는지요?"

티베트 스님은 고개를 저으며 달라이 라마는 사르나트에 계신다고 했다. 그러면서 사르나트로 가게 되면 달라이 라마의 설법을 들을 수 있다고 했다. 그는 달라이 라마의 행적에 대하여 설명해줬다.

신을 믿지
않는 나라

"달라이 라마는 티베트를 보호하는 관세음보살이시다. 환생을 거듭하시며 우리 민족과 불법을 보호하시지."

달라이 라마는 임종하기 전 자신의 영혼을 계승 받게 될 사람이 태어날 지역을 예언하고 죽는다. 그러면 제자들은 예언에 따라 똑같은 아이를 찾아다니며, 다시 새로운 달라이 라마로 모신다.

티베트가 지금은 중국으로부터 침략을 당하여 나라를 빼앗긴 신세가 되었으나, 한때 토번국으로 불리며 강대국으로서 크게 위세를 펼쳤다. 때론 중국 수도까지 쳐들어가 중국 황제가 딸을 시집보내 화친을 청하기까지 했다. 그렇게 천 년 넘게 독립국으로 있다가 한국전쟁이 반발할 때 중국으로부터 침략을 받았다. 당시 미국을 비롯한 유엔 국가가 온통 한국에 관심을 쏟을 때라 중국은 별다른 간섭 없이 티베트를 정복했다. 티베트인들은 그 후로도 독립운동을 했지만, 많은 사람이 죽임을 당했고, 수천 개의 불교사원이 불타고 파괴됐다. 그 와중에 달라이 라마는 티베트를 탈출하여 인도 다람살라로 오게 되었다.

옛 티베트 국기가 그려진 모자를 벗고 승려는 다시 말을 이었다.

"중국인은 신을 믿지 않아 사랑을 모른다. 오히려 모택동을 신처럼 모시지."

"공산국가라서 신을 부정하는 거잖아요."

"아니다. 중국인은 공산화되기 이전 옛날부터 신을 모시지 않았다. 그들은 살아 있을 때 권력을 잡고 부자 되는 것에 욕심이 크다. 내세를 위한 삶을 살지 않는다."

  스님은 지금도 중국 정부가 티베트의 불교사원을 철거하고 승려들을 내
쫓는다고 말했다. 혹시라도 다시 절을 세울까 내쫓긴 승려는 공안들에게
강제로 차에 태워 출가하기 전 살았던 고향으로 돌려보내고 있다고 했다.
티베트인에게 불교는 삶의 모든 것이었기 때문에 티베트를 파괴하기 위해
서는 불교를 말살해야 했다.

▼
잔시 락슈미 공원에서 티베트 승려

  스님 말씀을 듣고 보니 중국은 고대부터 유교나 도교 등을 믿으며, 공자
의 문묘를 만들어 제사를 지내지만, 정작 내세를 보장하는 신을 믿지 않는
다는 것을 느꼈다. 공자는 신의 존재에 관한 질문에는 '사람도 제대로 섬기

신을 믿지
않는 나라

지 못하는데 하물며 귀신을 섬길 것인가?'라고 말씀하셨고, 사후세계에 관한 질문에도 '사는 것도 알지 못하는데 죽은 뒤를 어찌 알겠는가?' 하며 현실에서의 삶에 충실하도록 가르치셨다. 도교는 신선이 되어 불로장생하는 것이 목적이라 지극히 현세 이익적인 종교였다.

비단 중국뿐만 아니라 우리나라도 무신자가 절반 가까이 된다. 가장 많이 믿는 불교도 사실 절에 꾸준히 다니는 사람보다 전통문화 의미에서 불교에 친숙한 사람이 더 많다. 삼국시대 이래 불교문화를 접했으면서도 불교가 국교가 되지 못한 것은 중국처럼 전쟁에 따른 역사적 고통을 극심하게 겪은 탓이리라. 고통받을 때 가장 먼저 찾는 게 신이다.

몽골이 고려를 잔인하게 짓밟을 때, 고려인은 불심으로 몽골의 침략을 막고자 했다. 전 국토가 유린당하면서도 국력을 쏟아 팔만대장경을 만들었건만, 나라의 가옥과 사찰은 불탔으며 셀 수 없이 많은 백성은 살육당했다. 고려는 속절없이 몽골에 항복했다. 몽골사막으로 끌려간 고려인들은 느꼈을 것이다. 부처는 진정 어디에 있는가?

몽골이 물러가고 이번엔 홍건적과 왜의 난입으로 또다시 만신창이가 된 고려 말 유교를 숭상하던 유학자들이 일어섰다. 유교는 여느 종교처럼 전쟁이라는 현실을 외면하고 사원에 들어가서 기적을 바라며 기도하지 않았다. 유교 자체가 백성의 마음을 얻고 어지러운 세상을 바로잡으려는 사상이었기에 백성을 모아 칼을 들고 외세를 물리쳤다. 썩은 귀족불교 세력도 일소하고 새 세상을 세웠다. 조선이 개국하여 불교를 억압하고 유교를 숭상하는 정책을 펼쳤을 때, 불교를 믿었던 백성이 그리 큰 반발 없이 유교를 받아들였던 것도 무리는 아니었다.

휴식이 끝났음을 알리는 호루라기가 울리더니 스님들은 다시 깃발을 들고 모여들기 시작했다. 티베트 스님도 자리에서 일어났다. 언제까지 행진하실 거냐고 물어보니 모르겠다고 했다. 기약 없는 길로 나설 때 스님은 뒤돌아 자신들의 티베트 독립에 대한 열망을 널리 알려달라며 사진을 찍어달라고 하셨다.

나는 고개를 끄덕이며 벤치에 앉아계시는 스님의 모습을 사진으로 남겼다. 젊은 승려의 얼굴은 그제야 함박웃음을 지어 보였다.

다시 동네를 어슬렁거리다가 조그만 극장에서 인도인들과 뒤섞여 영화를 봤다. 영화 보는 내내 인도인들과 같이 손뼉을 치며 웃었다. 비록 말은 이해하기 힘들었으나 중간중간 나오는 춤과 노래는 어찌나 재밌고 흥겨운지 몰랐다. 영화 제목은 라자 힌두스타니로, 내용은 소도시 팔란켓에서 택시 운전사 라자가 뭄바이에서 놀러 온 예쁜 아가씨 아띠를 만나 사랑에 빠지는 이야기다. 라자는 아띠를 보자마자 첫눈에 반해버렸는데 시골 출신의 가난한 라자와 대도시의 부유한 아띠의 신분 차이에 따른 갈등과 그에 대한 극복이다. 영화 볼 때 인도 최초로 첫 키스 신이 나오는 장면에서 치아에 붉은 담뱃재를 잔뜩 묻힌 어린 녀석들이 키득키득 대며 웃고 있었다.

여기 사람들은 자신의 계급에 맞게 분수를 잘 지키고 살면 다음 세상에서 더 잘 살 수 있다며 이것이 신의 섭리라고 말하지만, 영화를 보니 생각은 다른 것 같다. 영화가 인기를 얻는 것은 낮은 계급의 라자가 높은 계급의 아띠와 신분 차이를 극복하고 결혼하는 결말이 있기 때문이다. 행복은 다음 세상이 아닌 현재 세상에서 거머쥘 때 더 행복하지 않은가 싶다. 도교 사상가이자 무당파 창시자 장삼봉도 말했다.

신을 믿지
않는 나라

'오늘 내가 맛난 것을 먹고 잘 싸는 것이 지극히 즐거운 일이다.'

밤늦게 기차에 홀로 몸을 실었다. 덜컹거리는 열차는 플랫폼을 빠져나가 다시 긴 여정을 떠났다. 이번부터는 홀로된 여행이었다. 여행 중 누구를 만나도 헤어진다. 마음 맞아 정들어도 이별하고, 서로 시비 붙다가도 각자 떠나간다. 가는 곳마다 사람이 바뀌고 동시에 감정과 이야기도 변한다. 여행하면서 많은 이를 만날 줄 알았지만, 더 많은 이별을 하고 말았다. 내가 원했을까! 헤어짐과 만남의 숱한 반복을? 이방인들과 한 일행이 되어도 각자 서로 이별을 준비하고 있다. 여럿이 몰려다니다가 혼자 걷고 싶어지고, 다시 홀로 길을 걷다가 외로워진다. 문득 욜은 카주라호를 제대로 여행하고 있을지 궁금했다.

▼
공자의 위패를 모신 문묘의 명륜당 동재

21.

개똥밭에 굴러도 이승이 낫다

죽음 이후 영혼은 천국이든 지옥이든 영원히 있거나
또는 죽고 태어나는 삶을 계속 이어가거나
아니면 영원히 소멸하는 것 중 하나이다.

이승과 저승의 경계

아침에 기차에서 눈을 떴다. 침대를 접어서 의자에 앉으니 앞자리에 젊은 인도인이 앉아 있었다. 서로 악수를 하며 통성명을 했다. 알라하바드에서 열차에 탑승했고 이름은 쿠마라고 하며 콧수염을 멋있게 길렀다. 무척 쾌활하고 호기심이 많은지 내게 많은 것을 물어봤다. 어디를 거쳐 무엇을 보았는지, 내가 온 나라는 어떤 곳인지 질문을 끊임없이 퍼부었다. 자기 고향 알라하바드도 바라나시로 흘러가는 갠지스강에 있고 야무나강과 합류되기도 하여 불교나 힌두교의 성지라고도 했다. 이번 달에 힌두교 최대 축제 쿰부멜라가 개최된다며 수십만 명이 몰려들 거라고 했다. 그들은 성스러운 강에서 죄를 씻어내고 만트라를 합창하며 신에게 기도한다고 했다. 쿠마는 내게 바라나시에 며칠 동안 머물 것이냐고 물었다.

"바라나시는 붓다를 찾아가는 길에서 잠깐 들리는 곳에 불과해."

쿠마는 알라하마드를 그냥 지나치는 것에 아쉬워하던 중 바라나시마저 스쳐 지나간다는 말에 사뭇 진지한 표정으로 말했다.

"알라하바드를 거처 바라나시까지 흐르는 갠지스강은 마더 강가로 불린다. 인도에서 가장 신성한 강으로 인도인의 정신적인 고향이다. 시간을 내서 가트를 따라 걸어가면 많은 것을 보고 느낄 것이다."

"가트? 거기는 어떤 장소지?"

"가트는 강가와 연결된 계단이야. 옛날에는 가트 위로 많은 사원과 궁전이 자리하고 있었지. 지금은 게스트하우스가 넘쳐나지만. 순례자들과 경건한 사두들이 가트에 앉아 참선하는 것을 볼 수 있어."

바라나시에 도착하자마자 혼잡한 역사는 호객꾼들로 넘쳐났다. 나는 우악스럽게 접근한 호객꾼들에게 붙잡혀 실랑이를 벌였다. 그때 쿠마가 나를 그들 틈에서 빼내 주며 라히 강가는 여기서 가까우니 자전거를 타도 15루피에 갈 수 있다고 했다. 그러자 호객꾼들은 쿠마의 멱살을 잡고 호되게 따귀를 때리며 왜 영업을 방해하느냐고 따졌다. 쿠마가 입은 하얀 니트가 그들의 손에 잡혀 늘어지고 이리저리 끌려가는 것을 보았다. 하지만 나는 만류도 못 하고 속절없이 사람들에게 그저 이리저리 떠밀려 멀어져 갔다. 역으로 꾸역꾸역 몰려드는 사람들 때문에 나는 그저 고맙다고 거듭 소리칠 수밖에 없었다.

역사 앞에는 더 많은 사람으로 왁자지껄하였고, 오토릭샤의 클랙슨 소리와 엔진 소리로 정신이 없었다. 차마다 매연이 지독하게 나왔고 사람들은 서로 뒤섞여 길을 분주히 오갔다. 정신없는 와중에 소 떼는 태연하게 걸어가며 바닥에 똥을 뚝뚝 한 무더기 떨어뜨렸다. 똥을 피하려고 갓길로 갔건만, 이번에는 웅크리고 앉은 걸인들이 바짓가랑이를 잡고 손을 내밀었다.

개똥밭에 굴러도
이승이 낫다

급한 대로 나는 사이클 릭샤를 잡아탔다.

　마사에가 가르쳐준 푸자 게스트하우스에서 배낭을 풀었다. 오전이라 여행자들이 모두 강가로 갔는지 게스트하우스는 한적했다. 여장을 풀고 옥상에서 에그 프라이 라이스와 시원한 주스를 주문했다. 게스트하우스 옥상에는 갠지스강이 보였다. 강가의 가트에는 사람들이 종종 앉아 있거나 거닐고 있었다. 강물에는 보트 여러 척이 유유히 흘러가고 있었다. 강물 따라 연기가 모락모락 피어나는 곳이 여러 개 보였다.

　강가로 나와 계단을 따라 걸어갔다. 가트에는 울긋불긋한 물감으로 얼굴에 칠한 사두들이 지엄한 표정으로 앉아 수양하고 있고, 사원에는 종소리와 사람들이 염송하는 목소리가 울려 퍼졌다. 한량처럼 걷는 내게 한 뱃사공이 다가와 어디까지 가느냐고 물었다. 웃통을 벗어젖히고 숄만 두른 그는 넉살 좋은 웃음으로 나를 쫓아오며 자기 보트로 갠지스강 강가를 싼값에 구경시켜준다고 했다. 나는 흔쾌히 받아들였다.

▶ 바라나시 강가의 뱃사공

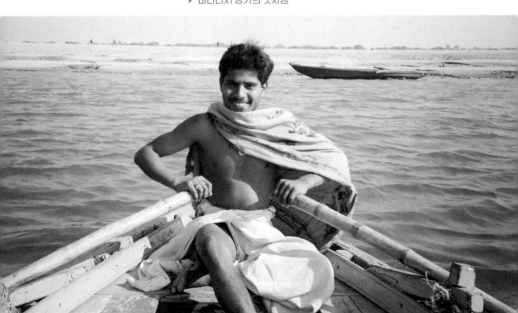

그는 나를 태우고 천천히 노를 저었다. 가트에서 서성이며 보던 것과 달리 강물 위에서 가트를 바라보니 전혀 다른 풍경이었다. 가트 중간중간 연기가 피어오르는 것을 바라보고 있으려니 그는 화장터라고 말했다. 화장터에서 차례를 기다리는 시신들과 화장을 끝마친 재는 갠지스강물에 뿌려졌고, 화장터 주변에는 개들이 많이 몰려들었다. 재가 뿌려진 강가에는 많은 인도인이 몸을 담그며 목욕을 정성껏 했다. 사람들이 자신의 일생을 마치고 사라져가는 순간과 다음 생을 준비하는 행사를 보트 위에서 훑어볼 수 있었다. 여행자들이 바라나시에 대하여 설명해줄 때 꼭 빼먹지 않고 말하는 장면이었지만, 막상 두 눈으로 보니 고개를 돌릴 수밖에 없었다.

어디서부터 떠내려온 건지 강물에는 꽃잎들로 가득했다. 보트는 물결 위에서 일렁이는 꽃잎들을 헤치며 나아갔다. 보트를 탔던 강가에는 여행객과 순례자와 사두들로 가득 메웠지만, 반대편은 모래벌판 황무지였다. 바람에 먼지가 자욱하게 일어났고 오두막은 고사하고 풀 한 포기 나지 않았다. 강물을 사이로 한쪽은 사람과 건물로 빼곡하게 밀집되어 있지만, 강 건너편에는 모래밭과 황무지뿐, 아무것도 없었다. 마치 이승과 저승을 극명하게 갈라놓은 것 같았다. 우리나라에도 이승과 저승을 갈라놓은 황천 강이 있어서 그 강을 건너면 저승으로 간다고 생각했다. 갠지스강이 바로 돌아올 수 없는 강, 황천 강이 아닌가 싶었다.

뱃사공에게 반대편 황무지에 가고 싶다고 했다. 그는 여행자들이 가지 않는 곳이라고 하며 얼굴을 찡그렸다. 그냥 가트 주변이나 돌면서 구경하라고 했다. 나는 강 건너편 황무지에 가고 싶다고 고집을 부렸다. 그러자 그는 노를 젓는 손을 놓더니 근육이 뭉쳤는지 어깨를 돌리며 내 안색을 살폈

개똥밭에 굴러도
이승이 낫다

다. 요금을 더 얹혀주겠다고 하니 그제야 다시 노를 저어가며 모래밭에 배를 댔다. 그리고는 묵직한 목소리로 말했다.

"여기서 예전에 한국인이 살해됐다. 멀리 가지 마라."

그가 일부러 그러는 것인지 겁을 주면서 말했다. 순간 그가 그리스 신화에서 나오는 뱃사공 카론이 아닐까 싶었다. 저승의 스틱스강에서 죽은 자를 건네주고 그 대가로 시신의 입속에서 동전을 받는 카론은 무시무시하게 생긴 노인인데, 이 젊은 뱃사공이 내게 카론 흉내를 내고 있었다.

▼
이승과 저승을 나눈 갠지스강

먼지가 자욱하게 일어나는 모래밭에 발을 디뎠다. 저만치서 한 노인이 홀로 배를 타고 왔는지 목욕을 정성스럽게 하고 있었다. 물가 경사가 급한지 모래밭에서 몇 걸음 떨어져 있는 노인 하반신이 모두 물에 잠겼다. 그가 흐르는 강물에 씻겨버리고자 하는 업은 무엇일까 궁금했다. 모래밭에 앉아 저편 연기가 일렁이는 시가지를 바라보며 정말 강을 사이로 이렇게 이승과 저승을 갈라놓은 곳이 또 있을까 싶었다. 연기가 일렁이고 집들이 빽빽하게 들어선 땅이 사람 사는 세상이라면 저승은 쓸쓸하고 먼지뿐 아무것도 없는 곳이다. 불구덩이 지옥도 꽃이 만발한 극락도 아닌 쓸쓸하고 아무것도 없는 곳. 너무나 적막하고 기괴하여 사람들이 북적대는 도심으로 시선이 옮겨졌다. 복잡하고 시끄럽지만, 그곳으로 다시 돌아가고 싶다는 생각이 들었다.

　보트에서 내려 거리를 어슬렁거렸다. 시장까지 걸어오게 되어 비단 가게뿐만 아니라 온갖 장신구를 파는 가게를 둘러보았다. 길거리에서 군것질도 하며 이것저것 구경했다. 현지 주민처럼 소소한 일상을 즐기고 거리를 어슬렁거리다가 한국인을 만났다. 반가운 마음에 그와 나란히 앉아 바자르에서 산 바나나와 과자를 나누어 먹었다. 그는 신실한 불교 신자로 인도에 성지순례 차 혼자 왔다고 했다. 이제 막 사르나트에 들르고 바라나시에도 며칠 동안 묵는다고 했다. 그에게 사르나트에서 어떤 종교적 영감을 받았는지 물었다. 그는 탄식하며 이야기했다.

> "8세기에 혜초 스님이 폐허가 된 사르나트에 들르시고 불교국가가 황폐해졌다며 한탄하셨죠. 20세기에 온 나 역시 붉은 벽돌 잔해만 잔뜩 널린 것만 봤어요. 성지가 이렇게 폐허가 되었다니…"

개똥밭에 굴러도
이슬이 나비

이번에는 바라나시의 강가에도 들러봤냐고 물으니 그는 또 한숨을 내쉬며 이야기했다.

> "혜초 스님이 가트에서 벌거벗은 몸에 재를 바르며 시바 신을 섬기는 사두를 보고 부처님 뜻에 어긋난다고 했죠. 그들은 천 년 전 기록된 것과 똑같은 모습으로 강가를 차지하고 앉아 있더라고요."
> "사람들은 갠지스강에서 몸을 씻으면 죄를 씻을 수 있다고 믿는데요."

그는 내 말을 묵묵히 듣고는 태연하게 바나나 하나를 더 집더니 껍질을 벗기며 말했다.

> "부처님이 강가에서 몸을 씻는 힌두교 바라문에게 '강물이 죄를 씻어준다면 강에 사는 물고기들이 가장 먼저 해탈할 것이다.'라고 말씀하셨죠."

내 또래 같은 그는 막힘없이 말을 이어갔다. 그러다 내가 갠지스강 건너 모래밭에서 이승과 저승이 극명하게 나누어진 모습을 본 것이 매우 인상적이라고 하니, 그는 나에게 항하사에 다녀왔다고 아는 척했다. 내가 의아해하며 되물었다.

> "항하사?"
> "헤아릴 수 없이 많은 수를 부를 때 항하사라고 하잖아요. 항하사가

오전에 가셨던 갠지스강 섬의 모래 알갱이 숫자예요."

나는 짐짓 피안이라고 생각했던 모래 황무지가 섬이었고, 그 섬의 모래가 부처님이 수없이 많은 수를 말씀하실 때 인용한 항하사라는 것에 놀랐다. 내가 무지하여 보아도 못 보고 들어도 알지 못하는 것이 얼마나 많은가 아쉬움이 컸다.

그는 가방에서 주섬주섬 뒤적이더니 책 한 권을 꺼냈다. 금강경이라며 항하사가 있는 구절을 읽어주었다.

"수보리야, 한 보살이 항하사와 같은 수의 세계에 가득 채운 칠보로서 가져다가 보시하고, 다른 이는 일체 법에 나 없음을 알아차린다면, 이 보살은 앞선 이보다 공덕이 더 뛰어나다. 왜냐하면, 수보리야, 보살들은 복과 덕을 받지 않는 까닭이다."

그가 안경을 고쳐 쓰며 고개를 들자 나는 금강경을 받아들여 그가 읽은 구절을 확인했다. 그러면서 페이지를 찬찬히 넘기니 인상 깊은 구절이 나와 몇 번이고 되뇌었다.

'상에 집착하지 말고 여여하고 부동해야 하니라. 왜 그런가? 일체의 집착 있는 것들은 꿈과 같고 허깨비나 물거품, 그림자와 같으며, 이슬 같고 번갯불과 같으므로, 응당 모두 이처럼 보아야 하니라.'

개똥밭에 굴러도
이승이 낫다

22

길을 잃어버린 카이

도덕적 가치와 종교적 권위를 부인하고
우주와 인생을 허무하게 보는 허무주의는
사람들을 무한한 불안과 절망감에 빠뜨린다.

니힐리즘과 공(空)

갠지스강을 인도인은 강가라고 부른다. 힌두교인이라면 죽기 전 반드시 들러서 강물에 몸을 담근다. 그러면 자신들의 영혼을 구원할 수 있다고 믿는다. 먼 옛날 바기라트 왕이 천 년 동안 고행을 한 끝에 드디어 하늘의 강가가 지상으로 흐르기 시작했고, 왕은 강가에서 재로 변했던 조상들의 영혼을 구원했다. 그 이후 힌두교인은 강가를 성스러운 물로 여기며 그곳에서 목욕재계하면 악한 기운을 씻어낼 수 있다고 믿었다. 불교에서도 바라나시는 성지다. 부처님께서 보드가야에서 깨닫고 그의 다섯 제자에게 진리를 알리기 위해 들르신 곳이 바라나시였다. 먼 길을 걸어오시느라 쇠약해진 몸을 강가에서 씻고 녹야원에서 최초로 설법을 하셨다.

날은 어두워진 후 게스트하우스로 가기 위해 골목길을 돌아다녀도 이내 제자리를 맴돌았다. 시작과 끝이 보이지 않는 바라나시 골목은 수천 년 동안 인도인들이 만든 미로였다. 질퍽거리는 소똥을 밟으며 왔던 길을 다시 되짚으려 했지만, 전혀 새로운 골목이 길 끝에서 다시 나타났다. 그 길 또한 고스란히 오물이 침전되어 질척였다. 걸으면서도 내가 지금 어디로 다가가고 어디서 멀어지는지 두리번거리기만 했다.

오랫동안 헤매다 골목 끝에 이르러 다시 처음 왔던 가트에 되돌아왔다. 밤에 보는 갠지스강은 물빛은 보이지 않고 다만 출렁거리는 물소리만 묵직하게 들렸다. 바라나시에서 완벽하게 길을 잃었다고 생각하자 자포자기하며 가트에 벌러덩 눕고 말았다. 근처에는 아직 타지 않은 나무가 불에 탁탁 튀는 소리가 났다. 긴장감 때문인지 몸이 너무 피곤하여 더는 움직일 수 없었다. 한밤중 미로에서 소똥을 밟아대며 헤매었지만, 도저히 호텔에 이르는 길을 찾지 못했다. 사람 하나 지나기 힘든 비좁은 골목은 한없이 연결되어 몇 번을 돌고 돌아도 같은 자리였다. 혹시라도 지나가는 사람에게 호텔 이름을 물어보면 모두 알지 못한다고 했다. 어두컴컴한 밤거리에서 만나는 사람들은 눈 흰자가 붉게 물들어 있었다. 치켜뜨며 충혈된 눈. 가트에서 만나는 사람들과 시선이 마주치면 금세 눈을 떨구곤 했다.

여전히 나무가 불에 타며 불꽃 튀는 소리가 났다. 죽은 자를 태우는 소리. 불태워지고 나면 인부들에 의해 갠지스강 차가운 물에 던져졌다. 가진 자는 재가 되어 강물에 떠내려갈 것이고, 가지지 못한 자는 나무를 사지 못해 강물 바닥으로 가라앉는다. 그래도 모든 죽음은 강물 따라 흘러 바다에서 마무리되리라.

한밤중 강물은 음침한 소리를 내며 천천히 흘러갔다. 담배를 꺼내 피었다. 연기 한 모금 맡고 가볍게 내뱉었다. 다음에는 길게 빨아들여서 숨을 깊이 내쉬었다. 해가 진 뒤로 어두워진 하늘로 하얀 연기가 몽글몽글 피어올랐다. 강물 소리와 같이 하늘로 솟는 담배 연기는 어떤 형상을 이루지도 못하고 금세 사방으로 흩어졌다. 내가 기다리거나 갈구하는 그림이 있을까 하고 생각했다. 어쩌면 애초에 내가 희구하려는 그림이 없었는지도 모른다는 생각은 가슴을 울적하게 적셨다. 이런 상념은 어두운 강물 소리와 나무 타는 소리와 같이 박자를 맞추며 연기로 기화되어 허공에 나부꼈다.

　인기척 없던 강가 주변에 사람들이 몰려들었다. 어쩌면 집에서 저녁 식사 후 강가로 마실 나온 사람들이겠지만, 나는 겁에 질린 채 황급히 가트를 빠져나와 다시 좁고 길고 긴 골목을 헤매었다. 그러다 간신히 힌두사원을 발견했다. 정문에는 장총을 메고 있는 경찰이 지나가는 사람을 검문하고 있었다. 경찰 옆으로 다가가니 그제야 한시름 놓였다. 한동안 힌두사원에서 서성였더니 한 일본인이 사원에서 나오는 것을 봤다. 그가 푸자 게스트하우스에 묵는다는 것을 듣고 그를 보내준 신께 감사하며 사원을 향해 합장했다.

▼
게스트하우스 루프탑에서 바라본 갠지스강

그와 동행하여 무사히 푸자 게스트하우스로 돌아오게 되었다. 그의 친절한 호의에 대한 답례로 저녁을 대접했다. 우리는 옥상 라운지에서 강가를 바라보며 테이블에 앉았다. 머리를 거의 삭발한 것 같은 그는 왜소한 몸집이었고, 작은 눈에 은테 안경을 끼고 있었다. 그의 이름은 카이였다.

그는 스파게티를 포크로 돌돌 말면서 갠지스강물이 참으로 평화스럽다고 경탄해 마지않았다. 그 말에 우두커니 라운지 밑으로 흐르는 강물을 바라보았다. 저녁 강물 위로 하늘은 검푸른 색으로 얼룩졌다. 차가운 바람이 불었다. 외투로 걸쳐 입은 사리가 바람에 날리며 어깨 밑으로 흘러내려 왔다. 나는 고개를 돌려 어두운 강물 줄기를 잠시 바라보며 좀 무섭다고 말했다. 카이는 놀리듯이 무섭냐고 반문했다. 그는 손에 쥔 포크로 스파게티를 입에 집어넣고 우물우물하며 강물을 내려다보았다. 그리고는 나를 보고 더듬거리며 되물었다.

"강물을? 하늘을? 아니면, 이곳 바라나시를?"

나는 모든 것이 그렇다고 말해주었다. 그는 이해한다는 말을 서두로 이곳 바라나시에서 석 달 동안 체류하고 있는 생활에 대해서 자기 모국어를 섞어가며 주절이 이야기를 늘어놓았다. 콜카타에서 시작하여 뭄바이까지 돌아볼 예정이었지만, 이곳 바라나시에 마음이 끌려 주저앉고 말았다고 했다. 그가 석 달 넘게 체류했다는 소리에 놀라움을 삼키지 못하고 말했다.

"석 달? 난 오늘이라도 바로 떠나고 싶어. 이곳 도로는 소똥이 가득

하고 돈을 구걸하는 걸인인지, 아니면 지혜를 찾는 사두인지 헛갈리는 사람들, 그리고 파란 눈빛 개들은 하이에나를 닮았다. 게다가 시체 타는 소리. 악몽 같아."

나의 말에 그는 잠시 실소를 짓고 스파게티를 씹으며 웅얼거리는 소리로 대꾸했다.

"다들 그런 소리 하지. 바라나시가 최악이라고. 지독한 대기오염과 수질오염, 복잡함 때문이겠지. 동시에 이곳은 인디언의 영혼이 태어나고 죽는 성지라고 하잖아? 시간이 지나면 익숙해질 거야."

▼
강가 어린 뱃사공

"나도 새벽 강가에 조용히 목욕하는 인디언들 틈에서 앉기를 바랐지. 연꽃잎 위에 촛불을 올려놓고 강물에 띄워 올리고 싶었다. 하지만, 환상이었다. 모든 것이 뒤죽박죽된 혼란뿐이다."

"바라나시에는 세련된 의식보다 원초적인 믿음이 남아 있다. 종교 이전 좀 더 본질적인 무엇인가에 더 가깝지. 너는 태어남과 죽음을 직접 보게 되어 두려울 수 있다."

그는 포크를 쥐고 있는 손을 테이블 위에서 흔들며 말했다. 문득, 그가 내뱉은 두려움이라는 단어가 왠지 불쾌해지기 시작했다. 두려움이 있었다면 애초 이곳에 발을 내딛지도 않았었다.

"여기는 너무나 노골적이다. 죽음은 타다 남은 손 뼈다귀다. 생명은 골목마다 솟은 시바의 남근 조각이다. 삶과 죽음이 꼭 그렇게 묘사되는 것은 아니다."

그는 고개를 젓고는 맥주를 들이켜며 말했다.

"나는 아침 일찍 일어나면 해 뜨기 전에 강가에 나온다. 아무도 깨어나지 않은 이른 새벽, 강가의 아침을 내가 차지한다. 해가 지려고 할 때 역시 강가에 나와서 어두워지는 강가를 본다. 낮에는 보트를 타고 강가에서 화장하는 사람들을 보기도 하지."

"화장하는 것을 보려고 일부러 보트 타는 거야?"

"응. 배를 타고 강가 가운데에 이르러 죽음의 연기를 본다. 인도 사람들은 죽음을 목샤라고 부르는데, 바로 자유라는 뜻이다. 자유로 가는 길이 바로 죽음이다. 몸뚱이는 단지 자유를 얽매는 껍데기일 뿐, 흙으로 돌아가지. 모든 것의 끝은 허무한 연기뿐이다."

그는 다시 맥주에 손을 대며 말했다. 가볍게 손이 떨렸다. 목소리는 어눌하면서도 조용했다.

"가끔 꽃잎과 나뭇잎으로 만든 배에 초를 담아 강물에 띄워 보낸다. 남들은 소원을 빌기 위해서라지만, 나는 소원을 빌지 않아."

그는 몽환적인 목소리로 유리잔을 만지작거리며 말했다. 그의 떨리는 손을 보다가 무심코 그에게 해시시 하냐고 물었다.

갑작스레 묻는 말에 그는 멈칫하다 고개를 끄덕였다. 그리고는 윗주머니에서 비닐봉지에 담긴 빵 조각을 꺼내 보이고 내게 권했다. 나는 괜찮다는 뜻으로 손사래를 쳤다. 여행자들 뒷이야기로 일본 애들은 마리화나를 빵이나 과자에 넣고 먹는다고 했지만, 막상 앞에서 그 모습을 직접 보고 있으려니 기분이 이상해졌다. 그에게 맛이 어떠냐고 물었다.

"슬로우. 슬로우."

그는 짤막하게 말하고는 더 대답하지 않았다. 그가 침묵을 지키는 바람에 어떻게 손을 대게 되었는지 잇단 질문을 꺼낼 수 없었다. 문득 타지마할에서 사이클을 끌던 라주의 검은 얼굴이 떠올랐다. 지금 내 앞에 앉아 있는 카이는 해시시 빵을 한 입 베어 먹을 때마다 어떤 꿈을 만들어 주는지 궁금했다. 도대체, 연기가 피어오르지 않는 꿈이 있을 수 있을까? 나는 그에게 무뚝뚝하게 말했다.

> "이곳 근처 사르나트가 내 목적지이다. 부처님이 최초로 진리를 설법하신 장소지. 바라나시에서 빨리 떠나야 할 것 같다. 나는 부처를 통해서 안식을 깨닫고 싶다. 오늘 정말 고마웠다."

카이는 입술을 씰룩이며 묘한 웃음을 흘리고는 티슈로 입을 닦으며 말했다.

> "사르나트에는 티베트 스님들이 많이 와 있다. 양곤이나 일본에서 온 스님도 많다. 그런데, 사르나트도 이곳 바라나시가 아닌가?"

카이는 앞으로도 바라나시 이 구석진 곳에서 오랫동안 머물 예정이라고 했다. 기약도 없이.

그가 부여잡고 있었던 삶의 욕구와 동기는 강가의 화장터에서 불태워지는 시신과 함께 사라지고 말았다. 깊은 허무감에 사로잡혀 고단한 현실에서 도망치듯 어느 복잡한 골목 작은 방에서 깊은 심연으로 가라앉고 있었다. 강가 화장터는 인도인에게 삶의 고통에서 벗어나 더 나은 삶을 추구하는 욕망이 발현되는 곳이었지만, 한 여행자에게는 인간의 죽음만을 목도하고 더불어 신도 모두 사라져버렸음을 느낀 장소였다. 내가 미로에서 헤맬 때 길을 알려준 것은 카이였지만, 그는 정작 자신의 길에서 헤매고 있었다.

신이 사라지면, 삶의 중심도 소멸하고 만 것인가? 신은 죽었다고 외친 니체는 의지할 대상이 사라졌기 때문에 허무주의에 빠져들지 않았다. 다만 자신이 기댈 대상은 신이 아니고, 인간 자신이기에 살아가야 할 이유를 스스로 끊임없이 찾았다. 피할 수 없는 죽음이라 하여 어두운 굴속에서 음울하게 머무는 것은 안식이 아니다.

에밀리 디킨슨(Emily Dickinson)은 그녀의 시에서 이렇게 썼다.

'두 번 다시 없을 거야.
이토록 찬란하고 아름다운 삶은!'

바라나시 화장터

23.

위대한 법의 수레바퀴

불교에 세 가지 보물이 있으니
부처님과 부처님의 가르침 다르마와
부처님을 따르는 승가이다.

불법승 삼보

아침에 일어나 목욕을 했다. 델리에서 세탁한 후 잘 보관했던 옷을 정갈하게 입었다. 오늘 불교 4대 성지 중 하나인 사르나트에 가는 날이라 목욕재계하고 말쑥한 옷으로 차려입었다. 드디어 부처님 발자취를 따라서 왔구나! 생각하며 감회에 젖었다.

싯다르타는 보드가야에서 깨달음을 얻으셨다. 깨달음을 얻으시기 전 다른 다섯 수행자와 함께 6년 동안 고행하였다. 하지만, 그들은 싯다르타가 한 소녀가 바친 공양을 받는 것을 보고 그가 변절했다고 생각하여 그를 버리고 사르나트로 왔었다. 싯다르타는 자기가 깨달은 것을 그들에게 들려주기 위하여 보드가야에서 300km 떨어진 사르나트로 걸어갔다. 수행하느라 야윈 몸으로 그 먼 거리를 맨발로 열하루 동안 걸었다. 사르나트에 힘들게 당도했지만, 다섯 수행자는 싯다르타를 무시했다. 싯다르타는 그들에게 먼저 다가가시어 중도의 법을 말씀하셨다.

'수행자들이여! 출가자들이 실천해서는 안 되는 두 가지 극단이 있다. 하나는 여러 가지 욕망을 일으키는 것에 대해서 탐욕과 즐거움에 빠지는 일이다. 이것은 천박하고 비속하며 어리석다. 다른 한 가지는 자신을 괴롭히는 일이다. 이것은 괴로움이며 고상하지 않고 쓸모없다. 진리를 추구하기 위해서는 이러한 양극단에 다가가지 않고서 중도를 깨달아야 한다.'

싯다르타는 진리에 이르는 길로 사성제와 팔정도를 설법하셨다. 설법을 들었던 다섯 명의 수행자들은 감동하여 눈물을 흘렸다.

'싯다르타여! 네가 마침내 붓다가 되었구나!'

그들 다섯 수행자는 진심으로 기뻐했다. 그들이 진리를 깨닫는 것을 본 싯다르타는 자신이 깨달은 것보다 더 기뻐하셨다. 사르나트는 부처님이 최초로 진리를 설법한 장소이며 법의 수레바퀴를 굴린 장소이기에 초전법륜지라 일컬어진다.

사르나트에서 티베트 스님 예불
▲

게스트하우스 근처 레스토랑에서 오믈렛을 주문하고 웨이터에게 사르나트로 갈 오토릭샤를 부탁했다. 사르나트는 바라나시 북쪽 약 8km 지점에 있는 작은 마을이다. 부처님의 발자취 따라 걸어간다면 2시간 정도 걸어갈 수 있는 거리였다. 식사 후 부처님 발자취 따라 걸어갈까 생각도 했지만, 오토릭샤를 타고 편안하게 앉아가도 50루피에 불과했다. 우리나라 돈으로 환산하면 단돈 1,500원.

사르나트에 들어서자 세계 각국에서 모여든 승려들과 많은 불교신자가 보였다. 곳곳에는 불탑과 사찰, 사원, 불교 유적이 들어섰다. 그중에서 가장 눈에 들어온 것은 다메크 탑이었다. 부처님이 다섯 수행자에게 처음 설법하신 장소를 기념하기 위해 아소카 왕이 세웠다. 다가가 공손하게 삼배를 올리고 잔디밭에 무릎 꿇고 앉아서 탑을 바라보았다. 구운 벽돌을 층층이 높이 쌓았으며, 우람한 탑 몸체에는 여러 아름다운 무늬와 부처님 일대기를 묘사한 그림이 장식되었다. 울컥한 마음에 진한 감동이 밀려왔다. 순수한 경외감에 몸이 바르르 떨려왔다. 그러면서 나도 아무런 의심 없이 종교적 영감에 빠져들 수 있다는 것을 깨달았다. 자리에서 일어나 합장한 채 스투파 주위를 돌고 또 돌았다.

스투파 앞 광장에서 티베트 스님들이 모여 예불드리는 것을 묵묵히 지켜보았다. 법회를 주재하시는 분이 행여나 달라이 라마이신지 먼발치서나마 기웃거리기도 했다. 예불이 끝나자 스님들은 뿔뿔이 흩어졌다. 티베트 스님들이 입고 있는 적색 법의 때문에 거리는 붉은 물결치듯 했다.

예불을 드릴 때 엄숙했던 티베트 스님들은 예불이 끝나니 평범한 사람으로 돌아갔다. 망고 훔치는 소년부터 서로 주먹질하며 장난치는 청년 스님들, 외국인과 사진 찍으며 씩 웃어주는 지긋한 나이의 스님 등 가지각색이었다. 오히려 불경을 외우며 앉아 있었을 때보다 거리에서 소리치며 뛰어다닐 때 그들이 입고 있던 법의에서 더 맑은 기운이 어려 있었다. 승려가 존중받는 사회, 부처님의 법이 사회의 규범으로 자리 잡은 사회, 그런 곳에서 살았으면 하고 바랐다.

▼
스투파 앞 티베트 스님

위대한 법의
수레바퀴

티베트 스님 한 분이 내 곁에 다가와 말을 건넸다. 나는 공손하게 합장을 하며 맞이했다. 이런저런 이야기를 나누고 스님들과 함께 티베트 절로 갔다. 티베트 절 안은 커다란 나무마다 파란색, 붉은색, 노란색 조각 천들이 줄에 묶어져 장식되었다. 마치 우리나라 서낭당 나무처럼 치장을 화려하게 했다. 달라이 라마 사진도 액자에 담아 곳곳에 걸려 있었다. 스님이 뜨거운 차를 내왔다. 향이 좋았다. 자기들이 묵고 있는 절은 보드가야라는 이름으로 일본에서 지어주었다고 했다. 심플한 디자인과 과거불 그리고 미래불 불상이 모셔진 것이 특이했다. 스님은 내가 어디서 왔고 어디로 갈 것인지 묻고는 간단하게 불교 교리와 연관되어 이런저런 이야기를 나누었다.

스님은 자신을 위말이라고 소개하며, 한국어를 배우고 있다고 나에게 여러 공책을 보여주었다. 그러면서도 자신은 어학에 관심이 있어서 말레이시아, 스리랑카, 힌디, 산스크리트, 영어를 배웠고 한국어도 배우고 싶다고 했다. 대단한 노력이 아닐 수 없었다. 말레이시아 출신 스님도 어느 틈에 옆자리에 앉아 합석했다. 갸름한 얼굴에 선글라스를 낀 말레이시아 스님도 대단한 학구파라 탄트라와 언어학을 공부하고 있다고 했다. 그런데 말할 때 꼭 중국 여인처럼 목소리 톤을 높이고 행동하여 그가 말할 때마다 웃지 않을 수 없었다. 금세 친해지고 격의가 없어졌다. 위말 스님은 노트를 펼치고 내게 건네며 말했다.

"리. 한국어로 좋은 글귀나 문장을 적어줘."

무슨 경구나 속담이 있을까 생각하다가 불경을 외우듯 음률을 주어서 한

글을 읊어대었다.

"가나다라마바사아자차카타파하"

위말 스님은 진지한 표정을 짓고 나를 찬찬히 응시했다. 고개를 살짝 갸
웃거리더니 불경을 외운 것 같은데, 무슨 뜻이냐고 물었다. 나는 노래 부르
듯 "ABCDEFGH⋯⋯." 알파벳송을 불렀다. 스님은 노트를 탁 접고 일어나
더니 짐짓 성낸 표정으로 내게 "빠가에로"라고 소리치며 웃었다.

위말 스님과 말레이시아 스님

한결 편해진 마음으로 스님에게 윤회가 어떤 것이냐고 여쭈어봤다. 위말 스님은 웃으며 경내에 걸린 벽화를 가리키며 저것이 윤회의 바퀴라며 윤회를 쉽게 이해하기 위하여 그려진 것이라 했다. 도깨비처럼 무시무시한 괴물이 수레바퀴를 안고 있고, 그 빗살마다 부처님 모습과 여러 풍경이 그려져 있었다.

"저 그림은 생명이 윤회를 통해서 나타나는 여섯 세계를 그렸다. 신과 반인반신, 인간, 동물, 고블린, 지옥이다. 윤회는 욕심과 미움, 무지를 통해서 반복된다."

말레이시아 스님은 티베트 스님 어깨를 가볍게 치며 말했다. 손으로 입을 가리면서 과장된 목소리로 말했다.

"천국에 관해서 부처님이 말씀하신 것이 있다. 거기에는 땅도 없고 물도 없고 불도 없고 바람도 없다고 하셨다. 그곳은 공간이 무한하지도 않고, 이 세상도 저세상도 없다고 하셨다. 삶도 없고 죽음도 없다는데, 사람들에게 이것이 진정한 천국일까?"

말레이시아 스님의 말을 제대로 이해하지 못했다. 다만 윤회를 말씀하신 티베트 스님이 듣기엔 다소 거북하리라는 것을 눈치챘다. 하지만, 워낙 목소리가 독특하여 서로 농담을 주고받듯 웃었다.

"부처님께서 당시 인도의 브라만을 비판하시며 신이라 해도 윤회하는 데 불과하다고 말씀하셨다. 만약에 완벽한 신이 있다면 인간은 자유로운 의지를 가질 필요가 없다. 그런데 사람들은 어째서 불행한가? 신은 왜 인간들이 나쁜 행동을 하게 놔두는가? 신은 모든 인간을 행복하게 만들지 않고 오직 브라만만 행복하게 만들었다. 이런 것은 옳지 않다고 하셨다."

스님들은 한국에서 온 젊은 학생에게 너무 어렵게 이야기한다고 서로 다투듯 이야기했다. 사실 나도 제대로 이해하고 있는지 헷갈리느라 잠시 얼굴이 일그러졌다.

따뜻한 차를 내준 스님들께 합장하며 절에서 나왔다. 다시 다메크 탑으로 갔다. 처음 탑을 대면했을 때보다 한결 편안해졌다. 둘러보니 탑 옆에는 미처 읽지 못했던 설명문이 있었다. 내용은 1835년 A. 커닝엄이 탑의 중심부를 파 내려가던 중 정상에서 91.4cm 지점에 브라흐미 문자로 새긴 둥근 석판을 발견했고, 석판에는 다음과 같은 글귀가 쓰여 있었다.

'모든 것은 인연에 의하여 생겨난다. 인연이 다하면 사라진다. 나의 스승은 석가모니 부처님이시고, 이것이 그분의 가르침이다.'

다음 날은 네란자라 강이 흐르는 보드가야로 갔다. 싯다르타가 깨달음을 얻어 부처님이 되었다는 불교 성지 중 하나다. 멀리서부터 부처님 성도의 자리를 기념하기 위해 아소카 왕이 세웠다는 마하보디 대탑이 보였다. 당시 세계 각지의 승려들이 찾아와 부처님 말씀을 배운 터전이었지만, 이슬람의 침공으로 보드가야의 많은 승려가 무자비하게 살육당하여 폐허가 됐다.

대탑 주변에는 많은 나라에서 온 불자들로 붐볐다. 탑 주변 공터에서 각자 방해받지 않고 참선에 잠겼다. 붉은 가사를 입은 티베트 스님이 특히 많았고, 서양 사람들도 돗자리를 깔고서 지그시 눈을 감고 있었다. 혹시나 하얀 승복을 입은 우리나라 스님이 있을까 돌아다녔지만, 아쉽게도 찾을 수 없었다. 오체투지로 탑 주위를 도는 사람에게 방해가 되지 않도록 한구석에서 탑을 향해 백팔 배를 했다. 백팔 배를 마치고 잠시 그동안의 감정을 정리하려 나무를 등지고 앉아 조용히 눈을 감았다. 가부좌하고 화두를 받아 참선에 잠긴 것처럼 지그시 눈을 감자마자 피곤함이 몰려왔다.

모기가 자꾸 손등과 목을 물어뜯는 바람에 잠에서 깼다. 언제부터 잠이 들었는지 몰랐지만, 나무에 등을 기댄 채 고개를 떨어뜨리고 있었다. 옆에는 붉은 양탄자를 깔고 양반다리로 앉아 조용히 참선에 든 서양인 커플이 있었다. 표정은 진지하고 고요했으며 수양을 오래 한 사람처럼 결가부좌 자세는 흐트러지지 않았다. 그들 옆에서 나무에 기대어 참선을 빙자한 낮잠을 늘어지게 잔 것이 너무나 민망하고 주변 사람 보기 창피하여 서둘러 나왔다.

발걸음을 옮겨 부처의 깨달음과 관련된 유적지를 찾아다녔다. 곳곳에 부처님이 다니신 흔적이 남아 있었다. 대탑 서쪽에는 부처님이 참선에 들어가 깨달음을 얻은 보리수나무도 있었다. 남쪽에는 고행을 끝내고 목욕하신 연못도 있었다. 부처님이 깨닫기 전에 수행했다던 전정각 산도 있지만, 거리가 멀어 대신 네란자라 강가로 발길을 돌렸다. 전봇대처럼 솟은 야자수와 밀림처럼 우거진 나무를 지나서 강가에 도달했다. 강물은 황톳빛으로 유유히 흘러갔다.

대보리사에 있는 보리수

싯다르타는 당시 구루가 했던 것처럼 온갖 기이한 고행을 거듭했다. 당시 출가한 구루는 깨달음을 얻기 위해 고행하는 것이 유행이었다. 가시 위에 눕기도 하고 뜨거운 태양에 몸을 태우거나 추운 날에 알몸으로 참선하고 차가운 물 속에 들어가기도 했다. 식사도 하루에 쌀 한 톨과 깨 한 톨만 드시며 고행을 했지만, 깨달음은 얻지 못하고 뱃가죽은 등뼈에 붙을 정도로 야위어졌다. 극한의 고행을 거듭하다가 더 쇠약해진 몸으론 도를 얻을 수 없다고 생각했다. 고행을 그만둔 싯다르타는 여기 네란자라 강가에서 몸을 씻었다.

바짝 메마른 몸을 강물에 담그실 때 무슨 생각이 드셨을까?

아마도 카필라성에서 빠져나와 얻은 것이 도대체 무엇인가 한탄했을 것 같다. 죽음을 넘나든 고행을 몇 년간 지속했지만, 정작 깨달음을 얻지 못하고 몸만 상했으니 무상함이 더했으리라. 더구나 함께 수행하던 사람들도 싯다르타를 버리고 사르나트로 떠나버렸다. 홀로 남겨진 싯다르타는 다시 보리수 아래 풀을 깔고 참선에 잠겼다. 밤에는 풀벌레 우는 소리를 듣고 낮에는 보리수 잎사귀 바람에 흔들리는 소리를 들어가며 며칠 낮과 밤 명상에 잠기셨다. 어느 순간 머리가 맑아지고 마음이 탁 트이는 기쁨을 느끼게 되었다. 드디어 깨달음을 얻어 싯다르타는 석가모니가 되셨다.

보드가야에서 가야로 돌아와 시내에서 거닐다가 허전한 마음에 맥주 몇 병을 사고 호텔에 들어갔다. 룸에서 오늘 하루 뭉클했던 감흥을 술로 달래려 했는데 문밖이 소란스러웠다. 호텔에서 같이 묵는 여행자들이 옥상에서 파티를 연다고 했다. 마침 술병이 여러 병이라 그것들을 들고 옥상에 올라갔다. 초록, 빨강, 노랑 둥근 전구가 깜빡이는 옥상에는 세계 여러 나라에서 온 여행자들이 저마다 맥주병을 부딪치며 이야기를 나누고 있었다.

이 몸은 바람과 물과 땅과 불의 기운이 잠시 머물 뿐이고 여기 모인 사람들과의 인연도 찰나의 순간이다. 그렇게 생각하니 오히려 거리를 왁자지껄하게 할 정도로 흥에 겨워 맥주병을 부딪쳤다.

24.

죽은 자를 위한 여행 가이드

티베트 죽음의 서는 죽은 다음 다시 태어나기 전
49일 동안 중간계에서 영혼이 떠도는 상태를 기록하여
참된 자유의 길로 인도하는 안내서이다.

티베트 죽음의 서

오랜 시간 버스 여행 끝에 파트나에 도착해서 실리구리 행 기차를 예약하고 시내를 돌아다녔다. 보드가야에서 산 염주 목걸이를 목에 걸고 다녔는데 염주가 유리섬유로 만들었는지 피부에 닿는 염주가 닳아 미세한 가시가 목에 다 박히고 말았다. 무척 따가워서 목에 박힌 가시를 하나씩 뺐지만, 너무나 작고 가늘어 빼지 못해 무척 쓰라렸다. 긁자니 피부가 벌겋게 부어올라 긁지도 못하고 한동안 쓰라린 목을 수건으로 감싸고 돌아다녔다.

파트나 박물관에 들러 여러 문화재를 살펴보았다. 박물관을 둘러보니 파트나가 인도의 대제국 마우리아 왕조와 굽타 왕조의 수도였다는 것을 알고 나서 새삼스럽게 도시가 달리 보였다.

지금의 파트나는 비하라 주의 작고 쇠잔한 소도시에 불과했지만, 아소카 왕 시대에는 이곳에 불교문화가 꽃피었다. 사실 '비하'라는 뜻도 절을 뜻하는 '비하라'에서 유래될 정도로 옛적에는 불교가 융성했다. 아소카 대왕은 불교를 나라의 통치이념으로 삼아 인간을 사랑하고 동물의 생명을 존중하도록 했다. 인도 전역에 나무를 심어 그늘을 만들어 주고, 우물과 쉼터를 일

274
275

정한 간격마다 조성하여 사람과 짐승이 이용할 수 있었다. 그러면서도 다른 종교에 대하여도 관용적인 태도를 보여주었다. 아소카 왕이 인도 각지에 세운 석주에는 종교가 다르더라도 그들의 선한 가르침에도 귀를 기울여 존중하라고 했다.

부처님은 모든 것은 헛되고 변한다고 하셨다. 그 말씀과 같이 아소카 대왕의 금강석 같은 불법도 아이러니하게 헛되게 변했다. 왕이 죽은 후 불교에 기반을 둔 생명존중은 군사력을 약화시켰고, 각 지방에 대해 차별 없이 통치한 결과는 지방 세력을 강화하여 나라를 갈라지게 했다. 다른 종교에 대한 관용은 다시 불교 이전 옛 브라만교를 부활하게 했다. 곧 이런 선한 정책은 마우리아 왕조를 멸망케 하는 요인이 되고 말았다. 불교가 차츰 쇠퇴하는 가운데, 북쪽 로마제국을 멸망시킨 훈족이 인도에 몰려왔다. 그들은 불교사원과 유적지를 불태우고 무장하지 않은 승려들을 대량 학살하여 마침내 인도에서 불교문화는 사라져버렸다.

▶ 파괴되어 벽돌만 나돌아다니는 불교 유적지

파트나 거리에서 유럽식 건축물이 종종 보이는데 그중 한 곳의 레스토랑에 들어가 맥주를 마셨다. 수첩을 꺼내 그간의 일들을 적어나갔다. 다음 여정은 다르질링이 될 것이고 다음은 카트만두, 포카라. 인도는 다시 와보고 싶은 곳이지만, 인도에서의 여행은 가끔 사무치게 외로울 때가 있었다. 목적 없이 왔다면, 사람을 깊은 곳으로 침잠시킬 만큼 우울감에 빠질 뻔했다. 처음에 이 땅에 발을 내디뎠을 땐 순례자 기분이었지만, 지금은 방랑자 같은 입장이라 마음도 무겁고 착잡해졌다. 우울한 기분을 참을 수 없어 맥주 몇 병을 들고 도미토리로 돌아왔다. 숙소로 가는 길 지저분한 골목에는 소가 똥개처럼 쓰레기를 뒤적거리고 있었다. 가뜩이나 너저분한 도로에 덩치 큰 소가 머리를 흔들며 쓰레기 더미에서 바나나껍질을 찾아내 먹고 있었다. 신성하다는 소가 쓰레기통이나 뒤지고 있는 신세라니 앞길을 막고 있는 소의 엉덩이를 발로 걷어차고 싶었지만, 행여나 소 뒷발로 차이면 낭패라고 생각해 피해갔다.

새벽 두 시에 출발하는 기차라 도미토리 룸에서 잠깐 눈을 붙인다는 것이 눈을 뜨니 새벽 두 시였다. 허둥지둥거리며 발을 동동거리고 있으니 딤팍이라는 인도 친구가 지금이라도 기차역으로 달려가 보라고 했다. 지금 암만 달려도 족히 30분은 걸릴 텐데 무슨 무책임한 소리를 하는 것 같아 어쩔 줄 몰라 했지만, 딤팍은 거듭 가방을 내게 주며 기차가 너를 기다리고 있을 것이라며 빨리 가보라고 했다. 그의 말을 듣고 한밤중 숙소에서 나와 밤거리를 달려 기차역으로 갔다. 아니나 다를까. 기차는 연착돼 내가 역에 도착하고 나서야 플랫폼으로 육중한 모습을 들이밀었다. 기차에 올라타면서 미처 딤팍에게 제대로 고맙다는 말도 못 했다는 자책에 아쉬움이 컸다.

기차에서 하룻밤을 보내고 한밤중이 되어서야 기차는 실리구리에 도착했다. 실리구리에서 버스 타고 다르질링으로 갔다. 다르질링은 히말라야 능선 부근에 있는지라 설원의 봉우리가 장엄하게 있고 그 봉우리에는 해발 8,598m의 칸첸중가도 있었다. 다르질링은 고지대라 질 좋은 차가 유명하여 영국 식민지 시절 차 농장과 휴양지가 많았다. 차 농장에는 지리적으로도 가까운 네팔과 티베트 노동자들이 많이 일하고 있다고 했는데, 과연 사람들 생김새도 동아시아와 비슷해져 나도 현지인과 자연스럽게 뒤섞일 수 있었다.

다르질링은 인도와는 전혀 다른 풍경이었다. 티베트 난민 캠프에 가보지 못했지만, 여행자들이 묘사한 분위기를 여기에서 맛볼 수 있었다. 발걸음을 옮겨 히말라야 산봉우리들을 한눈에 아우르며 볼 수 있는 전망대로 갔다.

▼
마하깔 사원 가는 길. 다르질링은 항상 안개가 자욱했다.

다르질링 전망대는 새벽안개가 자욱하여 바로 앞의 집들도 제대로 볼 수 없었다. 수십 킬로미터 떨어져 있는 히말라야를 본다는 것은 언감생심이었다. 대신 근처 마하깔 힌두사원을 둘러보기로 했다. 한때 불교사원이 있던 곳을 네팔이 침공하여 불교사원을 철거하고 힌두사원을 세웠다. 그 불교사원이 도르자를 믿었던 곳이었기에 다르질링이란 지명도 사실 그 사원에서 유래되었다.

마하깔 사원은 서낭당처럼 나무와 사원 지붕이 울긋불긋한 천으로 화려하게 장식되었다. 만국기처럼 알록달록한 천들이 펄럭이며 가득 메우고 있어 기존에 보던 힌두사원과는 다른 분위기였다. 그렇다고 불교사원이라고도 할 수 없는 이질적인 장소였다. 안개가 짙어 붉고 노란 헝겊 조각이 묘한 분위기를 자아냈는데 아침에 들렀기에 망정이지 밤중에 들렀다면 놀라 까무러칠 곳이었다. 가까이서 헝겊들을 보니 흰색, 빨간색, 초록색, 파란색 등 다양한 천에는 작은 글씨가 빼곡하게 쓰여 있었다. 신을 찬양하는 구절인지 자신의 기복을 바라는 것인지 알 수는 없었다.

마하깔 사원을 벗어나 전망대 언덕 아래 재건됐다는 불교사원에 갔다. 불교사원은 부띠아 부스띠란 이름을 가진 사찰인데 여기에 그 유명한 티베트 사자의 서 필사본이 있다. 이 책은 사람이 죽기 전 낭송해주면 지옥으로 가는 길을 벗어나게 해준다고 하며, 죽음과 환생의 순간 윤회에 대하여 알려준다. 사람은 죽은 지 49일이 되면 다음 생에 어떤 모습으로 환생할지 결정되며, 그 전에 자기가 갈 길을 잘 가야 한다. 그런데 죽은 사람은 모든 것을 망각하므로 죽은 사람에게 그 책을 낭송하여 바른길로 가도록 해주는 것이다.

언뜻 보면 사후 세계에 대해 자세히 묘사하는 것이 픽션같기도 하지만 이 책은 단순히 죽은 후 따라갈 빛을 잘 구분해서 환생을 좋게 하기 위한 지침서가 아니다. 인간으로 태어난 것은 참으로 고귀한 기회이므로 깨달음과 참 자유를 얻을 수 있도록 노력하라는 것이 참 가르침이다.

▼
마하깔 사원에는 신을 찬양하는 헝겊 조각으로 가득하다.

티베트 사원으로 가는 길은 아직 안개가 걷히지 않았다. 길 따라 마니차라는 원통이 있었다. 가면서 손으로 굴리는데 빙글빙글 돌려봤다. 여기 마니차에는 쌀알을 집어넣어 굴리면 '옴마니밧메훔' 하는 소리가 난다고 하는데, 내 귀엔 철통 구르는 소리와 쌀 튀기는 소리만 요란했다. 이윽고 알록달록한 문양의 전통 티베트 사찰이 나타나 조용히 두 손 모아 합장하고 경내를 두루 살펴보았다. 새벽안개 속에 잠긴 사원은 신비한 세상 같았다. 사실 티베트 불교 교리도 뭔가 신비로운 요소가 있었다.

윤회라는 것에 대하여 스님들의 가르침을 받고 싶었다. 이것이 중생을 교화하는 방편인지, 단지 힌두교에서 유래된 영혼 불멸의 아트만이 변형된 것은 아닌지에 대한 고민이었다. 하지만, 티베트 스님들은 달라이 라마가 관세음보살이 환생했다고 말씀들 하시니 그런 고민을 나눌 수 없었다. 신은 믿음으로 존재하기 때문이다.

사찰을 나와 다르질링 시내를 어슬렁거려도 안개는 아직 걷히지 않았다. 식사 후 차 농장 근처에 있는 티베트 난민 캠프를 찾아 무작정 길을 떠났다. 중국에서 피신한 그들은 티베트 고유의 문화와 전통을 지켜가며 모여 지내고 있다고 했다. 티베트 불교 풍습도 볼 수 있다 하여 막상 그곳을 찾으려니 가파른 경사 골목만 헤매고 다르질링 외곽만 빙빙 돌아다녔다. 발바닥만 아프고 쉬고 싶은 찰나 골목에서 서성이던 한 여행자를 만났다. 그녀는 한국교포였지만, 한국말을 전혀 하지 못했다. 자신의 이름을 아스터라고 소개했고, 뉴욕대에 다닌다고 했다. 반가운 마음에 근처 찻집에 들어가 차를 마시며 이야기를 나누었다. 아스터가 다르질링에서 볼 것들을 소개해 줬다.

"어제 아침 타이거 힐에서 칸첸중가의 일출을 보았는데 무척 운이 좋았어. 타이거 힐, 갈 거야?"

나는 타이거 힐에 갈지 결정하지 않았지만, 고개를 끄덕였다. 그녀는 그곳에 가는 방법을 소상하게 알려줬다. 머리가 풍성한 그녀는 연한 갈색으로 염색했고, 머리카락 깊은 곳에서 검은색이 보였다.

  "친구들이 다르질링에 가면 세 가지를 하라고 했어. 그중 칸첸중가
  의 일출과 산악열차 타는 것은 어제 했어."

나는 마지막 한 가지가 무엇인지 궁금해서 물어보았다. 그녀는 뜨거운 차를 호호 불며 입에 대면서 말했다.

  "마지막은 다르질링 차를 마셔보는 거였어."

그녀와 헤어지고 빠드마자나이두 히말라야동물원에 들러 히말라야 곰과 희귀종이라는 붉은 판다를 보았다. 다르질링 산기슭에 있는 동물원은 커다란 나무로 둘러싸여 야생 고산 지대에 들어선 것 같았다. 다만 원숭이들은 울타리 밖을 나돌아다니며 우리 안의 동물을 사람처럼 구경했다.
원숭이와 같이 다니고 있을 때 누군가가 나를 부르는 소리를 들었다. 데이비드였다. 파트나에서 박물관을 돌아다닐 때 같이 일행이 되어 문화재를 같이 보았다. 데이비드는 짧은 머리에 키가 훤칠한 전형적인 앵글로 · 색슨족이었다. 그는 매우 반가워하며 마침 점심때가 되었으니 근처 레스토랑에서 식사하자고 했다. 데이비드는 너무 춥다며 대낮인데도 샴페인을 주문하더니 홀짝 마셨다.

"다르질링은 히말라야의 여왕이라고 불렸지. 영국이 인도를 다스릴 때 더위를 피해 히말라야 기슭 서늘한 곳에 휴양지를 만들었지. 막상 와보니 날도 춥고 마을에 안개만 자욱해. 영국과 비슷해."

그는 마치 예전 동인도 주식회사에 근무했었던 사람인 양 회상하듯 이야기했다. 저녁에도 데이비드를 만나 식사를 함께한 후 와인을 마시며 대화를 나누었다. 이야기 주제는 인도인이 영국에 대한 감정과 한국이 일본에 대하여 갖는 감정이 왜 다른가와 한국 문화의 폐쇄성, 와인, 북한, 경제문제 등 다양했다. 그는 일본의 경제적인 부유함을 부러워했고, 자기 나라 잉글랜드는 점점 침체하고 있다며 씁쓸한 표정으로 와인을 마셨다.

그는 와인을 비우면 빈 잔을 손가락으로 톡톡 치곤 했다. 술 따라주는 문화는 우리나라만 있는 줄 알았는데, 데이비드는 절대 자작하지 않고 빈 잔을 내밀었다.

밤은 깊어지고 이야기는 사생활로 접어들었다. 비로소 그의 나이가 35살이고 런던에서 경제학을 전공했으며 컴퓨터 소프트웨어 회사에서 일하다가 휴가를 얻어 1월 중순부터 태국과 인도를 여행한다는 것을 알았다. 여자친구가 있는데 태국 여행 중 서로 다퉈서 헤어지고 지금 혼자 여행한다고 했다. 마음이 제대로 정리가 되지 않았는지 와인을 죽 들이켜며 푸념하듯 말했다.

"이해할 수 없어. 우리는 계획을 오랫동안 세워서 여행을 떠날 수 있었지. 그런데 잠깐 말다툼한 것 가지고 그녀와 헤어졌어. 난 방콕에서 콜카타로 가는 비행기 표 두 장을 예매하고 끝까지 공항에서 기다렸지. 결국 나오지 않더라고. 그래서 나 혼자 비행기에 탔지."

그는 도리질하며 와인 잔을 매만지다가 다시 이야기를 꺼냈다.

"그런데 좌석에 앉자마자 뭔가 잘못됐다고 느낀 거야. 이미 늦었지만. 그녀와 나의 여행계획은 다르질링까지만 세웠어. 그다음부터는 바람에 맡기자고 했지."

다르질링에서 계속 기다릴 거냐고 물으니, 그는 와인 한잔 들이켜며 고개를 흔들며 말했다.

"난 이제 어디로 갈지 모르겠어. 그녀가 여기로 올지 안 올지도 몰라. 마냥 기다려야 하는지, 아니면 여행을 계속해야 할지…."

25.

하늘에서 신이 내려온다면

신이 하늘에 있고 땅으로 강림할 때
산은 신이 첫발을 내딛는 신성한 장소다.
때로는 신의 목소리를 듣기 위해 산에 오르기도 한다.

산악신앙

　　다르질링에서 네팔로 넘어가기 위해서는 지프를 타야 했다. 차를 타고 가는 동안 멀미로 무척 고생했다. 아침 안개 자욱한 비탈길을 과속으로 달린 지프 안에서 나무아미타불을 몇 번이나 낭송했다. 좁은 커브 길에서도 지프는 전혀 감속하지 않고 내달렸기에 유리창에 머리 짓이기를 몇 번이나 반복했는지 몰랐다. 지프에서 내려 네팔국경까지 택시 타고 갔다.

　　명색이 나라에서 나라를 건너가는 일인데, 무사히 국경을 넘을 수 있을까 걱정했던 일이 무색했다. 국경을 넘는 일은 인도 국기와 네팔 국기가 나란하게 걸려 있는 문을 통과하는 것이 전부였다. 국경치고는 무슨 세트장처럼 허술하기 짝이 없었고, 입국 절차를 밟는 건물도 시멘트 건물로 허름한 민가처럼 보였다.

　　점심에 카트만두로 출발하는 버스를 타고 도착하니 여기는 또 더웠다. 날이 겨울철이고 다르질링에서 북쪽으로 올라온 것 같은데 날이 이상하게 무더웠다. 북으로 올라가 히말라야 설원으로 가는 경로 같은데 기후가 왜 더워지는지 이해할 수 없었다. 버스에 올라탈 때 바나나와 귤을 한 봉지씩

사 들고 탑승했다. 네팔사람들로 가득 차 있는 버스에 있으니 아침 다르질
링에서 굽이굽이 돌았던 길을 반복하는 것 같아 다시 멀미가 도졌다. 버스
에서 앞자리 손잡이를 꼭 움켜쥐며 밑도 없이 밀려오는 현기증과 구토감을
참았다.

안개 속에 숨겨진 신성한 산 칸첸중가

    네팔에 들어서니 사람들도 나와 생김새가 같은 몽골리안이고 거리도 어
디 두메산골 같아서 친근감을 느끼게 된 것인지 문득 집 생각이 밀려왔다.
네팔은 첫 여행이라 여기에서 호기심과 정겨움을 가져야 할 텐데 밀려오는
낯섦에 헤어날 수 없었다. 현기증이 더욱 심해져 눈을 지그시 감았다. 눈을

하늘에서 신이
내려온다면

감을수록 멀미가 더 심해졌다.

덜컹거리는 비포장도로를 버스로 달리는 밤중 내내 제대로 잠을 자기는 힘들었다. 가로등 없는 산악 비탈길을 버스는 곡예 하듯이 잘도 다녔고 내내 마음 졸이다가 피곤함이 쌓이자 잘 가겠지 하는 자포자기한 심정으로 흔들리는 버스에 몸을 맡겼다.

카트만두에 도착해 카트만두 왕궁 근처로 이동한 후 THAH 레스토랑에 들어갔다. 식당에 배낭을 맡기고 타밀 거리에 오밀조밀 몰려있는 상가를 구경삼아 돌아다녔다. 여러 기념품 가게와 의류점, 환전소 등 다양한 가게들이 빽빽하게 들어차 있어서 과연 여행자 거리다웠다. 골목에서 느긋하게 타멜거리를 둘러보고 템플과 궁전과 박물관을 구경했다.

말을 건네는 외국인은 많았지만, 일행이 되진 않았다. 여행 중 수많은 낯선 공간에서 많은 사람과 만났다. 그건 다시 친해진 많은 사람과 헤어졌단 뜻이다. 낯섦은 금세 익숙함으로 변했다가 다시 어색해졌다. 여행은 시간에 따라 많은 형상을 보고 숱한 인연을 맺으며 다시 새롭게 시작한다. 문득 깨달았다. 여행자는 이별에 친숙한 사람들이 아닌지 말이다.

여행자가 많은 카트만두에서 더 머물기보다는 바로 다른 곳으로 떠나기로 마음먹었다.

▼
카트만두 거리 신혼부부 하객

　새벽 다섯 시 포카라에 도착했다. 흔들리는 버스에서 얼른 내려 단단한
대지로 발을 디뎠다. 버스가 어찌나 울퉁불퉁한 길을 내달렸던지 한동안
걸어 다녀도 땅이 흔들리는 느낌이었다.

　이윽고 동이 트자 맑은 하늘에서 삼각형 순백색 하얀 산이 눈앞에 드러
났다. 처음에 햇빛에 반사되어 뭉게구름이 반듯하게 삼각 모양으로 져서
피어오르나 했다. 순백색 경계면이 하늘과 사선으로 뚜렷하여 비로소 그
산이 안나푸르나임을 알아차렸다. 내가 본 것은 안나푸르나에서 갈라져 나
와 우뚝 솟은 마차푸차레라는 설산이었다. 힌두교 시바 신에게 바쳐진 산
이라 신성시하여 아무도 이 산을 등정하지 못했다고 했다. 네팔에서는 관
광산업을 발전시킨다고 하여 산을 등반가에게 넘겨줘도 이 산만큼은 신성
시하여 절대 등정하지 못하게 했다. 사실 등정이란 말이 올라가서 정복한
다는 소리인데, 신에게 봉헌한 산을 인간이 정복하게 놔두지 않는다는 것

이 일면 타당했다.

산꼭대기는 물고기의 꼬리처럼 살짝 갈라져 있는데 사실 마차푸차레라는 이름이 네팔어로 물고기 꼬리였다. 구름도 그 뾰족한 설산 위로 넘어가지 못할 정도로 우뚝 서 있었다. 이름만 들어도 설레는 안나푸르나를 옆에 두고 보기 위하여 인근에서 외관이 번듯한 호텔을 예약했다. 보기에도 화려한 호텔은 내부도 깨끗했고 시설도 현대식이었다. 여행자가 이런 호사스러운 곳에 머물러도 되나 생각할 정도였다. 요새 며칠간 너무 피곤하게 버스 의자에서 잠잤다고 생각하며 짐을 풀었다.

시내로 나왔다. 거닐며 보이는 마을 뒤편 설산도 멋있었지만, 사랑곳이라는 전망대에 오르면 더 멋진 풍광을 볼 수 있다 하여 걸어갔다. 오르는 길은 동네 뒷산 오르는 듯 한적한 오솔길로 한없이 구불구불 올라갔다. 민둥산은 계단식 밭으로 일궈졌고 오가는 주민들은 이마로 바구니 끈을 걸고 가파른 길을 힘들게 오르내리고 있었다. 간혹 마을 청년들은 내가 지나갈 때마다 '헬로 프렌드! 가이드?'란 말을 앵무새처럼 똑같은 억양으로 말했다. 딱히 대답을 구하는 물음은 아니라서 미소만 지어주고 지나쳤다. 동네 아이들은 허물어진 돌담 위에 앉아 지나가는 나를 물끄러미 바라보며 '곤니치와' 인사를 다정다감하게 했다. 그럴 때마다 나는 '안녕' 하며 손을 흔들어주었다. 루까는 여기 포카라를 하늘 아래 천국이라고 했다. 그녀도 안나푸르나를 보기 위하여 여기 사랑곳에 올랐을 터이고 땀을 흘리며 올라가는 아름다운 여인에게 인사하는 그 아이들은 천국의 천사라고 느꼈을 것이다. 일일이 인사하는 아이들 모두에게 '안녕하세요!'라는 인사말을 남겨주고 전망대에 올랐다.

안나푸르나 가는 산길에 만난 아이들

　오르는 중간중간 안개가 끼기 시작했다. 뒤돌아 산 밑을 내려 보면 산 밑으로 페와호수가 몰랑몰랑 피어오르는 안개로 흐릿하게 보였다. 안나푸르나 설산이 녹아내려 맑고 깨끗하고 그런 물 덕분에 초록색 들판이 있는 모습이었다. 사랑곳에 오르면 얼마나 더 멋있는 장관이 펼쳐질까 기대하는 마음으로 올라갔다. 오를 때까지만 해도 날도 덥고 햇살은 따사로울 정도로 맑았는데, 사랑곳에 다다를 때쯤 먹구름이 몰려오더니 천둥에다가 비까지 내렸다. 바람을 피하려 전망대처럼 만들어놓은 조그만 움막집으로 들어갔지만, 비만 간신히 피할 수 있었을 뿐 뻥 뚫린 창문으로 바람이 거세게 밀려들었다. 내려갈 형편도 아니고 힘들게 올라왔기에 비가 와도 곧 개리라 생각하며 나무 의자에 앉았다. 신령스러운 산이라는 마차푸차레를 보기 위해 올랐건만 변덕 부리는 날씨 때문에 이 고생을 하는가 생각도 들었다. 엉덩이가 받쳐지자 피곤함에 곧 잠이 밀려왔고 난 머리를 떨구고 말았다.

　나무 기둥에 기대어 꽤 잠들었던지 천둥소리에 소스라치게 놀라 잠에서 깨었다. 빗줄기는 제법 거셌다. 괜히 비가 멈추기를 기다렸다가는 여기 산

꼭대기에서 노숙하겠다 싶어 쏟아지는 비를 무릅쓰고 내려왔다. 다행히 빗줄기 속에서 진흙 길에 미끄러지지 않았지만, 강한 바람과 함께 날린 빗줄기로 온몸이 흠뻑 젖고 말았다.

마차푸차레는 힌두교 시바 신에게 바쳐진 산이라 신성시하여 아무도 그 산을 오르지 못한다고 했다. 히말라야의 높은 설산은 사람들이 신성을 부여하는 것이 자연스러울 정도로 신비롭고 영험해 보인다. 힌두교의 시바 신은 히말라야 카일라스산 정상에 머물고 있는데, 카일라스는 눈으로 덮인 소중한 보석이란 뜻도 있다. 카일라스산을 불교에서는 우주의 중심인 수미산이라고 하여, 많은 불교와 힌두교 신자들이 순례차 찾아온다. 탑돌이 하듯이 산을 도는 코스를 걷는데, 한 바퀴 돌면 죄가 소멸하고, 108번 순례하면 모든 업이 사라지고 성불한다고 믿는다.

인간을 돌보는 신은 땅속이 아니라 하늘 높이 있을 거란 생각은 고대부터 보편적인 생각이었다. 그래서 신을 알현하기 위해 성자는 산에 올랐다. 모세는 하나님을 만나기 위해 시나이산에 올랐으며 신으로부터 십계명을 받았다. 이후 시나이산은 하나님이 계시는 장소가 되어 신성시됐다. 올림포스는 제우스를 비롯한 그리스 신이 기거하는 산으로 유명하다. 우리나라에서도 사찰을 지을 때 절의 배치를 우주의 중심에 있다는 수미산을 고려했다. 일주문은 수미산의 첫 관문이고, 불이문은 수미산의 정상이며, 부처님이 계시는 불단은 수미단이다. 예로부터 높은 산을 하늘나라와 땅의 나라를 연결해주는 영험한 곳이라고 여겼다. 천제의 아들 환웅이 하늘에서 내려온 곳이 태백산이었고, 사람들은 이곳을 하늘에서 내려온 신의 도시라는 뜻인 '신시'라고 불렀다.

26.

신을 찾아

별 헤는 밤

우주의 무수한 별 무리를 헤아리다 보면
인간과 지구가 얼마나 미미한 존재인지 알게 되고
그래서 인간과 지구의 소중함을 깨닫게 된다.

천문학과 종교

　　　부드러운 침대에서 눈이 떠졌다. 밤새 감기 걸리지 않았
을까 걱정했는데 신기하게 몸은 다시 건강하게 회복되었고 머리도 맑아졌
다. 하룻밤 새 감기 기운이 사라지다니 새삼스럽게 내가 가진 젊음이 대단
하게 느껴졌다. 개운한 마음으로 샤워했더니 창밖까지 올라온 나뭇가지에
서 새들이 뛰어놀며 지저귀고 있었다. 얼마나 정겨운 소리인가 한없이 축
복을 느꼈다. 젊음은 금세 회복되는 생명을 가진다. 어제 그토록 열병과 기
침에 시름시름 앓았는데, 한밤 자고 났더니 몸도 가뿐해졌다. 휘파람을 부
를 정도로 다시 찾은 건강에 기뻐하다가 문득 이런 재생력이 얼마나 지속
할 수 있을까 하는 생각에 휘파람이 저절로 멈춰졌다.

포카라 시내에서 본 마차푸차레
▲

호텔에서 조식을 마치고 자전거를 며칠 동안 빌렸다. 자전거를 타고 페와호수 주변을 돌아다녔다. 그러다 호숫가에 비치는 설산이 보이는 곳에 이르면 자전거를 멈추고 풀숲에서 잔잔한 호숫가를 내려다보았다. 한없이 고요했다. 호수는 잔물결 없이 잔잔하여 작은 차돌을 짚어 물수제비를 뜨니 멀리까지 내달려갔다. 튕기는 수면으로 파문은 일렁였다. 바람은 서늘하면서 시원했다. 저기 눈으로 덮인 안나푸르나에서 내려온 바람이라고 생각하니 스산해지기도 했지만, 햇볕은 따사로웠다. 자전거를 몰고 호수 주변을 한가롭게 돌아다녔다. 바쁜 것도 없었고, 간절하게 갈구할 것도 없었다. 포카라에는 한적함과 평온함 그리고 외로움이 있었다.

포카라는 루까가 알려준 곳이다, 아름다운 곳이라고. 부처님이 태어나신 룸비니의 땅을 밟으려고 카트만두를 거쳐 포카라에 왔지만, 인도에서 룸비니 가는 길은 다양했기에 굳이 포카라까지 오지 않아도 됐다. 단지 그녀가 포카라에 가보라고 해서 여정을 그렇게 잡았다. 불현듯 내가 왜 함피에서 아니 안주나에서 루까를 그냥 보내야 했을까 생각했다. 아마도 그녀는 괜스레 잡을 수 없는 사람이라고 느꼈기 때문이었다. 그녀와 대화를 나누면서 그녀는 카르마를 남기지 않는 사람임을 느꼈다. 나는 그녀가 자신의 생에 대하여 일말의 애착도 갖지 않고 업도 남기지 않길 바란다고 느꼈다.

바람은 그 존재로 인식하여야 한다. 결코, 잡을 수 있는 대상이 아니었다. 루까는 잡을 수 없는 바람과 같았다. 나는 바람이고자 하는 바람만 있었을 뿐, 그녀는 진정한 바람이었다.

다음 날도 새소리에 잠이 깼다. 3층에 자리 잡은 내 침실 밖까지 자란 나뭇가지가 새들의 둥지가 있는지 작은 새들은 창밖에서 종일 지저귀고 있었다. 창문을 여니 새들이 후드득 날아갔다. 새들이 날아간 창공으로 안나푸르나 설산이 뚜렷하게 보였다. 오늘은 페와호수에서 배를 타고 설산을 보리라 마음먹었다.

자전거를 타고 달려나간 선착장엔 여행자들 몇몇이 서 있었을 뿐, 꽤 한적했다. 호수는 맑은 햇살에 반짝이며 빛나고 있었다. 보트 한 척을 렌트하고 다시 선착장으로 나왔을 때 파란색 윈드재킷을 입은 사람이 보였다. 청바지에 등산화를 신었고 진한 남색 야구 모자를 눌러썼다. 얼핏 보니 잔시에서 잠시 마주쳤던 여학생이었다. 얼굴은 달걀 모양으로 가느스름하고 등까지 닿는 긴 머리카락을 묶고 다녔다. 그녀는 나와 눈이 마주치자 아는 척하며 반갑게 손을 흔들었다. 나도 손을 흔들며 보트를 예약했냐고 물으니 그녀가 도리질하자 같이 타자고 했다. 그녀는 고맙다며 선착장으로 내려갔다.

나무로 만들어진 보트는 꽤 길고 널찍하여 그녀와 나는 서로 반대쪽에서 앉아 마주 보았다. 노는 두 개라서 그녀가 한 개를 쥐고 내가 하나를 쥐었지만 서로 마주 보고 있어서 내가 좌우로 번갈아 노를 저었다. 노를 옮길 때마다 배는 조금씩 흔들렸다. 그때마다 그녀는 양손으로 보트를 잡고 균형을 잡았다. 그녀 다리 사이에 놓인 노를 쥐다가 내게 말했다.

"수영 잘해요? 저는 수영을 못해서 물이 무서워요."

그녀는 노를 놓고 뒤로 땋은 머리를 앞으로 쓸어 넘겼다. 나는 고개를 가로저으며 말했다.

"나도 수영 못해요. 물에 빠지면 물속으로 고스란히 가라앉아요."

정말 그랬다. 하지만, 호수 선착장에 있는 보트에는 튜브나 구명 재킷은 전혀 없었다. 무작정 보트를 빌려 호수로 간다는 것이 순간 무모해 보였다. 하지만 여행은 언제나 무모했다.

보트를 움켜쥐며 긴장하던 그녀도 곧 적응했는지 팔짱을 끼며 나를 물끄러미 바라봤다. 이내 자기가 어디를 다녀왔고 무엇을 보았는지 말하기 시작했다. 혼자 여행하면서 마음에 맞는 일행을 만나 며칠을 같이 다니곤 했지만, 곧 헤어지고 다시 무리를 지어 다니다가도 또다시 혼자 지내고 그렇게 다닌다고 했다. 나는 고개를 끄덕이며 그녀의 말을 경청해줬다. 배는 온종일 빌린 것이라 물 위에서 보내는 시간은 길었다.

유유자적하게 호수에 배를 띄워놓고 갈지자로 다녔다. 호수 위에 떠다니는 배는 우리밖에 없었다. 마침 통나무를 잘라 안을 깎아서 만들었을 법한 배가 지나갔다. 보이기에도 좁고 위험해 보였는데 한 여자아이가 앞에서 노를 젓고 뒤에서 소녀의 엄마가 노를 젓고 있었다. 작은 통나무배는 옆으로 많이 흔들렸지만, 모녀는 거리낌 없이 부지런히 노를 저었다. 그들은 두꺼운 옷을 껴입고 있었다.

"저 둘은 엄마와 딸이 맞죠? 어디로 그리 바쁘게 가는 걸까요?"

나는 모르겠다며 도리질을 했다. 좁은 통나무배에 탄 모녀는 열심히 잔물결을 가르며 앞으로 나아갔다.

신을 찾아
별 헤는 밤

그녀는 그들이 어디로 가는지 알고 싶다며 따라가 줄 수 있냐고 내게 물었다.

나는 고개를 끄덕이며 배의 노를 다시 잡고 그들을 따라갔다. 아무리 모녀지간이라지만 호흡이 척척 맞아 앞으로 나아가는 배를 따라잡을 수 없었다. 대신 강기슭 작은 선착장이 눈에 들어왔다.

포카라 호수 위 두 모녀

나는 선착장에 배를 대고 그녀가 조심스럽게 내리도록 도와주며 계단을 걸어 올라갔다. 1시간가량 올라가자 작은 둔덕이 나왔고, 거기에 네팔사람들이 모여 있었다. 아이들의 웃음소리가 커서 가까이 다가가니 한 아름다운 여배우와 잘생긴 남배우가 서로 마주 보며 영화 촬영을 하고 있었다. 순간 남배우가 여배우의 허리를 안고 입을 맞추려고 연기를 하자 주위 아주머니들은 입을 가리며 비명을 질렀다. 그리곤 고개를 돌리며 못 참겠다는 듯 소리 내며 웃고 있었다. 촬영 스텝들은 조용히 하라는 듯 뭐라고 소리를 질렀지만, 사람들의 소동은 잠재우지 못했다.

폐와호수 주변의 푸른 산 넘어 산 능선이 보였지만, 고봉에는 뭉게구름이 걸쳐있었다. 곧 구름이 바람에 흘러갔다. 그러자 새하얀 설산 안나푸르나의 마차푸차레 모습이 신비하게 드러났다. 서로 탄성을 내지르며 어린아이처럼 좋아했다.

오후 늦게 선착장으로 돌아와 그녀와 헤어지고 호텔로 느릿느릿 걸어갔다. 포카라는 맑은 폐와호수와 새하얀 안나푸르나 산이 있는 고요한 마을이었다. 자전거를 타고 보트를 타고 트레킹을 하며 하루를 차분하게 보낼 수 있었다. 곳곳에 아기자기한 카페에서는 책을 읽거나 글을 쓰기 좋았다. 불현듯 아름다운 이곳에 더 머무를 수 없다고 느꼈다. 아무리 아름다운 풍경이라 할지라도 내가 살던 동네 뒷산과 저수지보다 나을 것이 없다고 생각했다. 다만 더 새하얗고 더 맑을 뿐이었다. 어서 빨리 밤이 깊어지고 새벽이 오기를 기다렸다. 부처님이 태어나신 룸비니로 빨리 가고 싶은 마음뿐이었다.

침실에서 창문을 여니 밤하늘에 별이 촘촘했다. 별을 헤아리며 북두칠성을 찾아봤다. 북두칠성 일곱 번째 별에서 북극성을 찾아보려 했으나 그 별자리를 확인할 수 없었다. 무수히 빛나는 별 중에서 북극성을 찾는 것이 여간 어려운 것이 아니었다. 밤하늘이 이렇게 맑고 밝은 것인 줄 미처 몰랐다. 누군가는 싯다르타가 진리를 깨우치려 명상에 잠길 때 그저 지그시 눈을 감고 사색에 잠긴 것은 아니라고 했다. 보리수나무 아래에서 밤하늘을 쳐다보며 별을 헤아리고 은하수 너머 우주를 관찰하다가 진리를 발견한 것이라고 했다.

이천 년 전 동방박사들도 별을 관찰했으며 혜성같이 나타난 신비로운 별을 보고 저 별이 인류의 메시아가 탄생할 것을 예언하는 별이라는 믿음으로 베들레헴까지 사막을 건너기도 했다. 밤하늘의 별을 쫓다 보면 진리의 지평선을 넘어갈 수 있을까?

무한한 우주. 신의 섭리를 헤아리기 위하여 천문학이 고대 점

우주 성운

성술로부터 시작되었지만, 지구가 태양을 돌고 있다는 발견은 오히려 신의 믿음을 흔들어 놓았다. 태양 또한 우리 은하 한 귀퉁이에서 돌고 있고 우리 은하 또한 우주 어디 모퉁이에 있을 뿐이라는 사실은 신의 존재가 부질없다고 생각하게 한다. 우주의 절대자인 신을 닮은 모습으로 창조되었다는 인간 자체가 우주에서는 보잘것없는 존재니까. 하지만, 그 넓디넓은 우주에서 지구와 같이 생명이 있는 별을 발견하지 못하고 있다는 이야기는 또 신을 생각하게 한다.

밤하늘을 가로지르는 은하수에서 별을 헤아리다 진리는커녕 애잔한 마음만 생겨 차라리 별은 상실의 기억 속에 묻어두기로 했다. 아득한 거리에 있는 별은 갈구하지만 않으면 보이지 않았다. 상처를 따로 떼어 놓고 관조하듯이 보면, 아픔과 나는 서로 별개인 양 지긋한 마음으로 볼 수 있다.

옛날 부처님의 제자가 부처님께 여쭈어보았다.

"우주는 시작과 끝이 있습니까?"

"나는 이런 것에 대하여 한결같이 말하지 않겠다(我不一向説此)."

27.

다시 태어나지 않겠다는 생일 축하

'하늘 위와 하늘 아래 오직 나만이 귀하다' 는
천상천하유아독존은
'이 세상에서 인간보다 더 귀한 것은 없다.' 란 뜻이다.

천상천하유아독존

    새벽에 일어나자마자 버스 정류장으로 달려갔다. 차가운 새벽공기에 너른 공터에는 멈춰선 버스 몇 대만 덩그러니 있었다. 한참을 기다리다 아침 해가 뜨고 나서야 스노울리로 가는 버스를 탈 수 있었다. 버스에 짐을 넣고 안나푸르나를 보았다. 햇살에 비치는 눈 덮인 산은 은빛으로 반짝였다.

    버스는 네팔의 협곡 사이를 달렸다. 깊은 계곡으로 맑고 푸른 계곡물이 흘렀다. 그 아름다움에 넋을 잃었다. 간혹 계곡물 사이를 카누 몇 대가 지나가기도 했다. 중간 정차하는 곳에서 귤과 바나나를 사서 먹으며 계곡 사이를 달리는 버스에서 아름다운 경치를 구경했다. 내가 탄 버스는 너무나 낡았다. 버스 천장은 낮았고 창문에는 유리가 없어 비포장도로를 지날 때 흙먼지가 고스란히 밀려들어 왔다. 바닥은 철판이 녹슬고 구멍이 숭숭 나 있었다. 도로는 좁아 마주 오는 버스와는 아슬아슬하게 스쳐 지나가곤 했다. 하지만 깊은 계곡 초록빛 강물은 그런 불편함을 잠재울 수 있었다.

    내 옆자리 네팔인과 동석했다. 이름을 '자주'라고 소개한 그와 악수하고 간간이 대화를 나누었다. 그는 붙임성이 아주 좋았다. 자기 형이 한국 의정

부에서 일했다며 아는 척했다. 그는 한국어 몇 단어를 형으로부터 배웠다며 '안녕하세요.'와 '개새끼'를 말했다. 순간 얼어붙었지만, 그가 쾌활하게 웃는 바람에 나도 어색하나마 웃음을 띨 수 있었다.

어둑해지는 저녁 무렵 룸비니에 도착했다. 오토릭샤가 나를 떨구고 가버린 룸비니는 너무나 조용했고 황량했다. 돌아다니는 사람이나 차량이 없고 제대로 된 건물도 없었다. 싯다르타가 태어난 룸비니는 불교가 인도에서 쇠퇴한 후 오랫동안 폐허로 남았었다. 룸비니는 도시라고 할 수 없는 작고 초라한 마을이었다. 오가는 사람도 자동차도 드물어, 해가 지니 사방이 적막했다. 정말 오랫동안 헤매며 부처님의 탄생지라는 룸비니에 왔다. 이 황량함에 당황했다.

룸비니의 황량한 풍경

다시 태어나지
않겠다는 생일 축하

불교는 B. C. 586년 5월 보름날, 인도 카빌라국 정반왕과 마야부인 사이에서 태어난 왕자 싯다르타로부터 시작된 종교이다. 룸비니는 아소카 황제의 석주가 발견된 이후 부처님 탄생지로 인정받아 불교의 주요 성지가 되었건만, 이토록 을씨년스러운지 미처 몰랐다. 당장 오늘 밤 어디서 묵을지 허허벌판 같은 마을에서 난감했다.

잠시 거리에서 서성이고 있으려니 마침 붉은 가사를 입고 가시는 티베트 스님을 뵙게 되어 공손히 합장했다. 스님도 합장으로 화답하며 여행자 같으니 오늘 묵을 곳에 없으면 티베트 모노토리로 오라고 하셨다. 안내해 준 곳은 아늑한 숙소였다. 진심으로 감사하다고 거듭 사의를 표하니 환한 웃음을 지으며 따뜻한 차를 두 잔 가지고 방에 들어오셨다. 그리곤 내가 어디서 왔고 어떻게 왔는지 물어보셨다. 나는 그동안의 행적을 간단하게 설명 드리고 부처님이 태어나시고 열반에 드신 룸비니와 쿠시나가르를 보기 위해 참 멀리 돌고 돌아서 왔다고 했다. 스님은 고개를 끄덕이며 룸비니에서 태어나신 부처님의 탄생 설화를 말씀하셨다.

> "옛날 석가족의 왕국이 이 근방에 있었다. 마야부인이 출산이 가까워지자 고향으로 길을 가던 중 이곳 룸비니에 이르러 휴식했지. 당시 룸비니는 예쁜 꽃이 만발한 꽃동산이었다."

나는 옛이야기를 듣는 어린아이처럼 고개를 끄덕이며 듣다가, 이 먼지만 휘날리는 황량한 곳이 꽃잎이 흐드러지게 흩날리는 꽃동산이었다는 것에 의아했다. 스님은 정말 옛날에는 이곳에 꽃이 지천으로 만발했던 동산이었다고 했다. 그러니까 마야부인이 여기에서 꽃구경하며 휴식을 취한 것이 아니냐며 반문하셨다. 차 한 잔 마시며 계속 이야기하는 중 내가 비로소 부처님이 태어나신 룸비니에 도착하면 반드시 알고자 하는 것을 묻기로 했지만 여러 번 머뭇거렸다. 그것은 바로 '태어나기 이전과 죽고 난 이후에는 정녕 아무것도 없는 것인가?'였다.

나는 거처를 마련해준 티베트 스님에게 직접 묻고 싶었지만, 이모저모 내가 잠자는 데 불편함이 없도록 신경 써주시는 스님에게 묻기에는 적절하지 않으리라고 생각했다. 태어나서 좋은 업을 쌓으면 다음 생에 좋은 몸을 받는다고 말씀하실 스님에게 질문 자체가 어쩌면 매우 불손하거나 아니면 답이 정해진 질문 같았기 때문이었다. 대신 에둘러 여쭈어보았다.

"부처님이 태어나시기 전에는 어떠셨을까요?"

스님은 찻잔을 내려놓으며 조용하게 말씀하셨다.

"부처님은 전생에 왕으로 태어나시기도 했고 뱀이나, 사슴, 토끼, 원숭이로도 태어나셨다. 룸비니에서 태어나기 전에는 하늘나라에서 즐겁게 사셨으나 사람들의 고통을 보시고 이 땅에 태어나셨다."

나는 고개를 끄덕였다. 스님은 날이 밝을 때 룸비니에 한국에서 커다란 절을 짓고 있으니 그곳에 들러보라고 말씀하시고 자리에서 일어나셨다. 나는 뒤돌아가는 스님께 합장했다.

다시 태어나지
않겠다는 생일 축하

룸비니를 찾은 순례자

저녁 공양을 받고 잠시 거리로 나왔다. 인적이 드물어 조용하고 그 흔한 개 짖는 소리도 들리지 않았다. 어떻게 여기가 불교의 성지이고 그 관리가 이렇단 말인가 한탄이 나왔다. 적막한 거리를 돌아다니며 마음 한편이 허전했다.

아침 일찍 일어나 몸을 정갈하게 하고 룸비니 곳곳을 돌아다녔다. 평평한 대지에 무너진 석조건물이 곳곳에 방치되다시피 했다. 한때는 아름다운 꽃동산이라 하여 마야부인이 발걸음을 멈추고 경치를 구경했다고 했다던데, 지금은 황량한 벌판만 펼쳐져 있었다. 걸음을 옮겨 제일 먼저 아소카 대왕이 설치한 석주를 보았다. 석주 주변은 오색 깃발로 장식되었다. 이 석주가 발견되기까지 부처님 이야기와 행적은 다른 종교의 신화처럼 그 실체가 드러나지 않는 신비로운 이야기였다. 이 석주가 발견됨으로써 부처님은 실재하셨던 스승이었고 불교는 설화나 신화가 아닌 역사로 자리 잡을 수 있었다.

근처에는 마야부인 사원이 있고 갓 태어난 싯다르타를 씻긴 성스러운 연못도 둘러보았다. 곳곳에 부처님 생애와 관련된 기념물과 유적이 많았고,

성지순례 온 나라별 불교 신도를 볼 수 있었다. 코끼리를 타고 다니는 성지 순례자도 보였다. 하지만, 사르나트나 보드가야와 달리 룸비니에는 사람이 매우 드물었다. 여행자보다 현지 네팔인들이 더 많았는데 그들은 유

룸비니 아소카 대왕 석주

적지보다는 코끼리 타고 온 순례자를 따라다니며 구경했다.

사람들에게 물어보며 대성석가사를 찾아갔다. 그동안 사르나트나 보드가야에서 제대로 한국 사찰을 만나지 못해 아쉬웠는데, 룸비니에서 우리 절과 스님을 만나게 되니 참으로 반가웠다. 우리나라 사람들도 제법 많이 있어 서로 눈인사를 나누었다.

절에서 나오신 스님은 오늘이 설날이라며 떡국을 내어주면 좋겠지만 사정이 여의치 않다고 말씀하시며 대신 흰 쌀밥과 김치를 내어주고 라면도 손수 끓여주셨다. 나는 비로소 오늘이 설날이구나 생각하며 시간이 어떻게 지나가는지도 모르겠다고 생각했다.

스님께 본당에 들어가서 참배를 드리고 싶다고 말하며 인사를 하고 절 안으로 들어갔다. 사람은 없었고 법당 안은 비어 있었다. 부처님을 뵙고자 조심스럽게 문을 열고 가장자리에 공손하게 무릎 꿇고 앉았다. 부처님을 뵙는 순간 지난 기억들이 떠올랐다.

얼차려만 받던 부대를 벗어나 산중 사찰로 달려갔던 시간. 새벽달이 아직

어스름한 하늘에 걸려 있을 때 논두렁을 지나가며 산중의 사찰로 달려갔다. 후임병들은 연신 하품을 하며 종종걸음으로 쫓아왔고 절에 도착하면 푹신 푹신한 방석을 꺼내 자리에 앉았다. 법사님과 함께 새벽예불을 마치면 우리 는 아침 여섯 시 부대원들이 기상하기 전에 얼른 부대로 복귀하곤 했다.

당시 새벽공기를 가르며 아침 예불을 드리던 기억이 생생하게 떠올랐다. 가슴이 먹먹하여 다시 일어나서 백팔 배를 드렸다. 그런데도 감흥이 아직 끝나지 않아서 한동안 움찔대지 않고 자리를 지켰다. 뒤에서 인기척이 들 렸다. 그들은 본당 내부를 조용히 돌아다니다가 팔상도 중 아기 부처의 그 림 앞에서 멈췄다. 누군가 말했다.

> "예쁜 꽃을 보며 동산을 거닐던 마야부인이 꽃이 만발한 무우수 나뭇가지를 잡는 순간, 갑자기 오른쪽 옆구리로 부처님이 태어나 셨다. 부처님은 태어나시자마자 일곱 걸음을 걸으시며 '하늘과 땅 위에 오직 나만이 존귀하다. 이 세상 모든 중생이 고통받고 있으니 내가 이들을 편안케 하리라.'라고 말씀하셨다."

부처님이 태어나셨을 때 외쳤다는 '천상천하유아독존' 탄생게는 한문 경전 에 실린 구절이다. 처음 기록된 마하빠다나 경전에는 다른 탄생게가 전해진다.

> '이것이 나의 마지막 생이다.
> 더는 다시 태어남은 없다.
> 이것이 여기서 정해진 법칙이다.'

28.

감출 수 없는 눈물, 사라나무 꽃비

존재로 인도함을 근절하였다.

괴로움의 뿌리를 잘라버렸다.

이제 다시 태어남이란 존재하지 않는다.

대반열반경

어느덧 해가 기울었다. 다시 대성석가사로 돌아왔다. 여러 여행자 그룹이 저녁 공양을 받았고, 그중에는 부처님이 입적하신 쿠시나가르에서 온 일행도 있었다. 그들은 내가 쿠시나가르로 곧 갈 것이란 이야기를 듣고 그곳에 대하여 자세히 설명해줬다. 쿠시나가르는 룸비니보다 더 황량하고 볼 것은 단지 부처님 열반 당시의 모습을 새긴 조각상뿐이라고 했다. 조각상은 열반당 안에 모셔져 있으며, 부처님이 한 손으로 머리를 베고 누워계시고, 두 발은 포갠 채 눈을 감으신 모습 그대로 조각되었다고 했다. 열반당 뒤에는 큰 원형탑이 있었으며, 그 탑 안에 부처님 사리가 있다고 했다. 부처님의 성지를 모두 둘러봤다는 그들은 당시 감동을 고스란히 간직하며 많은 이야기를 들려주었다. 부처님이 열반에 드실 때, 마치 쿠시나가르에 있었던 것처럼 묘사하기도 했다.

부처님이 열반에 드신 날도 오늘처럼 보름달이 떴다고 했다. 부처님 그때 나이 80세로 35살에 깨달음을 얻고 45년 동안 인도 각지를 떠돌아다니며 고통받는 중생들을 구제하기 위하여 애쓰셨다. 그러나 쿠시나가르 사라나무숲을 지날 때 부처님은 거리에서 드신 음식 때문에 식중독으로 매우 고통받으셨다. 마침내 늙고 병든 몸으론 더 움직일 수 없음을 아신 부처님은 입으신 가사를 사라 나무 아래 깔고 누우셨다. 그때 사라 나무 꽃잎이 한 잎 두 잎 떨어져 부처님 몸을 덮었다고 했다. 부처님은 제자들에게 말했다.

'나무가 꽃잎으로 나를 공양하지만, 진정한 공양이 될 수 없다.'

제자가 진정한 공양이 무엇이냐고 여쭈니 부처님은 '나라는 것이 실체가 없음을 깨닫는 것이 최상의 공양이다.'라고 말씀하셨다.

부처님의 마지막 길임을 알고 울고 있는 제자들을 둘러보며 부처님은 열반에 드시기 직전 말씀하셨다.

'그럼 비구들이여, 너희들에게 작별을 고한다. 모든 것은 덧없다. 게으르지 말고 부지런히 힘써 정진하라.'

▶ 부처님 열반상
(아잔타 석굴)

감출 수 없는 눈물,
사라 나무 꽃비

사라 나무숲, 보름달 아래서 마침내 부처님이 숨을 거두시고 사라 나무 꽃잎은 비처럼 더욱 우수수 떨어졌다. 훗날 부처님이 열반에 드실 때 하늘에서 꽃비가 내렸다고 전한다.

절에서 저녁예불을 함께하고 다시 티베트 숙소로 걸어갔다. 가슴이 먹먹했다. 인적이 드문 길에 느릿느릿 걸어갔다. 부처님이 열반에 드시려 할 때 제자들은 얼마나 슬퍼하고 불안했을까? 부처님은 모든 것은 사라진다고 하셨다. 심지어 당신의 육신과 영혼도 사라진다고 하셨다. 차라리 신이 되겠다고 하셔서 너희들의 서원을 이루게 하고 보살펴주겠다고 하셨으면 얼마나 위안이 되었을까 싶었다. 하지만 석가모니는 나를 믿지 말고 내가 가르친 진리에 의지하며 살라고 하셨다. 부처님이 돌아가시면 도대체 무엇이 남고 무엇에 의지한단 말인가? 룸비니에서 석가모니가 태어나신 것을 역사적으로 증명한 유적을 보았고 환희에 젖었다. 하지만 쿠시나가르에 가서 부처님이 돌아가시고 단지 사리가 안치된 탑만 보게 된다면 그 환희는 곧 회한으로 바뀔 것만 같았다.

부처님은 깨달음을 다른 이에게 전해주고 육신은 화장되어 사라지셨다. 부활이나 승천은 없었다. 제자들은 허망하여 잿더미에서 사리를 수습하고 불멸의 대상으로 삼았으나, 이는 일체 생멸을 말씀하신 부처님의 가르침에 어긋났다. 부처님의 비장한 죽음의 여정을 쿠시나가르에서 본다면 삶이 덧없어질까, 아니면 죽음이 덧없어져 삶에 의미가 생길까?

부처님이 눈을 감을 때 제자들은 울며 간절하게 외쳤다. "이제 무엇에 의지하며 살아가야 합니까?" 수십 년 부처님 바로 곁에서 지혜를 얻은 제자들도 부처님 사후 불안감은 감추지 못했다. 부처님은 세상을 살면서 욕망

312
313

을 버리고 청정하게 살라고 하셨다. 욕망의 대상은 모두 부질없고 사실 실재하지 않는 헛된 것이므로 담담하게 살라 하셨다.

'모든 것에서 애착을 떨굴 때 비로소 강물처럼 유유하게 흐르는 삶을 살 수 있다.'

부처님 열반에 드신 후 누구나 정진하면 성불한다고 했지만, 수천 년이 지난 동안 부처가 되었다는 승려의 이야기는 들어보지 못했다. 부처님 10대 제자 중 지혜 제일 사리자도, 해공 제일 수보리도 아라한은 되었을지언정 부처는 되지 못했다.

방에 들어와 문을 닫았다. 창문 너머 바람이 불어왔다. 바람은 모든 것을 헤집었다. 꺼졌다 싶은 장작더미의 잿더미 속에서 불씨를 찾아내어 불을 사르는 것이 바람이다. 룸비니에서 많은 번민이 가라앉고 이제 냉정함을 되찾았나 싶었지만 바람이 찾아들었다. 변하지 않는 북극성을 바라보며 아픔을 묻어두기로 했건만, 바람은 속살을 뒤집어 갈등과 욕망을 훨훨 지피게 했다. 모든 것이 현기증을 일으켰다. 아득한 혼돈 속에 심장이 갑갑해져 박동이 불규칙적으로 울렸다. 쓰라린 가슴을 두 손으로 염매고 눈은 질끈 감았지만, 더 죄어오는 아픔이 느껴졌다. 다시 방을 나와 거리를 헤매었다.

길거리를 걷다가 오늘이 설날이라는 것을 새삼스럽게 떠올렸다. 집에 안부 전화를 걸었다. 밤중이라 부모님은 주무시고 대신 동생이 받았다. 동생은 오늘이 설날인 것도 모르고 돌아다녔냐며 타박하더니 떡국은 먹었냐고 물어왔다. 그리고 생각난 듯 말했다.

감출 수 없는 눈물,
사라 나무 꽃비

"참, 오빠 엽서 한 통 왔어."

"응? 누구로부터?"

"발신인이 한문으로 로가라고 쓰여 있어. 알파벳은 음, 루까?"

이름을 듣는 순간 나는 가슴이 철렁거렸다. 동생이 편지 내용을 읽어주기를 마음 조아리며 기다렸다.

"이 여자 대단하네. 걸어서 인도와 태국을 거쳐 라오스까지 갔대. 라오스에서 비가 엄청나게 와서 고생이 많다네. 오빠! 네팔까지 갔어? 거기서 구름까지 닿았냐고 묻던데?"

떨리는 마음을 애써 누르고 태연하게 물어봤다.

"루까가 어디로 가는지 말하든?"

"라오스에서 걷는 중이래. 중국 거쳐 티베트로 걸어간대. 거기서 구름 위로 오르려고 한대."

두근거리는 마음으로 도미토리에 발걸음을 빨리 옮겼다. 방에 들어와 문을 닫고 마음을 진정시키고자 향을 하나 피웠다. 고요한 연기가 잠잠하게 오르내렸다. 밤이 깊어지자 열어 놓은 창문에서 스산한 바람이 분다. 살짝 걸친 얇은 옷이라 밤바람 찬 기운이 온몸으로 느껴졌다. 그러면서 기도하듯 깍지를 끼고 향을 바라보며 중얼거렸다.

'헛된 상이라도 그것이 만들어지기까지 얼마나 어려운가! 찰나의 순간이라도 수많은 시간이 흘러도 다시 맺히기 어렵다. 이제 하나의 상을 갖추었는데 죽을힘을 다해 붙들어야 하는 것이 아닌가!'

생각에 골똘히 잠기면서 나는 이곳을 떠나기로 하고 짐을 챙겼다. 막상 성지순례의 마지막 종착지를 앞두고 그곳에 가지 않으려 하니 속으로 섭섭함이 컸다. 당신을 찾아 그토록 먼 길을 돌아왔는데 그 앞에서 또 다른 당신을 찾아 여행한다는 것이 혼란스러웠다.

▼
덧 없는 연기 맑은 향기 향불

사실 부처님이 돌아가신 곳을 본다는 두려움도 있었다. 불멸의 존재로 계셔야 할 분이 허망하게 사라지고 안 계신다는 것을 감당할 자신이 없었

감출 수 없는 눈물,
사라 나무 꽃비

다. 그리고 루까가 라오스에서 메콩강을 따라 걷고 있다는 사실이다.

델리 공항으로 전화를 걸어 라오스로 가는 항공권을 문의했으나 직항이 없어 대신 태국으로 가는 비행기 표를 예약했다. 갑작스레 예약하는지라 방콕으로 가는 비행기 표의 출국일이 빠듯해 네팔에서 델리까지 서둘러 가야 했다.

델리로 가는 길목 고라크푸르 기차역은 사람들로 북적댔으며 마치 피난민들이 모여든 것처럼 아우성쳤다. 이렇게 북적대고 혼란스러운 인파 속을 소 여러 마리가 비집고 들어오려고 했다. 사람만으로도 빽빽한 역사에 덩치 큰 소가 들어오려 하자 붉은 사리를 입은 아줌마는 소리를 빽 지르며 소 엉덩이를 탁탁 치며 내쫓았다. 하지만, 소는 움쩍도 안 하고 들어올 틈만 노리며 눈알을 굴리고, 뒤따라온 소도 되돌아갈 생각이 없는 듯 고개를 흔들며 투레질했다.

시끌벅적한 역사 한 귀퉁이에서 짐을 내려놓고 앉아 있으려니 한 노인이 내게 오며 짐을 맡아달라고 했다. 금발 머리는 귀밑을 빼고 거의 빠졌고 몸짓은 왜소했다. 안경은 돋보기인지 도톰했다. 그는 배가 아파 화장실에 가야 한다며 내게 신신당부하며 짐을 맡겼다. 짐은 나의 배낭만 한 크기의 것이 세 개나 됐다. 그런 작은 몸집에 이렇게 큰 짐을 가지고 여행을 다니는가 싶어 대단하게 보였다. 그가 종종걸음으로 화장실로 가고 난 후 배낭을 살펴보니 군용 카키색 모양에 각 배낭 주머니는 벨트로 탄탄하게 동여 매여 있었다. 도대체 어디를 다녀오고 어디를 가려는 지 궁금했다. 젊은 나도 배낭 하나 감당하지 못하는데, 노인은 너무나 벅찬 짐을 갖고 있었다. 하지만 나이든 여행자의 모습이 부러웠다. 내가 만약 노인이 된다면 집 근처 뒷산만 등산할까 아니면 이 노인처럼 배낭을 메고 여행할 수 있을까 되묻기도 했다.

기차역을 나와 시내를 돌아다녔다. 시내는 번잡하고 마땅히 시내에서 특별하게 볼 것이 없어 소일거리 하듯 돌아다니다가 경찰서 건물 앞 계단에 하염없이 앉았다. 옆에는 한 노인이 헐벗다시피 한 남루한 옷을 걸치고 신발도 없이 바닥에 누워있었다. 잠든 노인 옆에는 검은 천으로 만든 가방이 있었다. 가방은 작았지만 쓰러진 노인에게는 버거워 보였다. 역사 안에서 짐을 맡겼던 노인이 생각났다. 사람에게는 작은 가방조차 무거운 사람이 있고 큰 가방이라도 가벼운 사람이 있겠구나, 이런저런 생각에 빠져들었다.

순간 등짝에서 딱! 하는 소리가 났다. 법당에서 쓸데없는 망상에 잠길 때 맞는 죽비는 소리는 컸어도 아프지 않았지만, 지금은 소리도 컸거니와 아프기도 무척 아팠다. 뒤돌아보니 경찰관이 기다란 막대기로 내 등을 후려친 거였다. 힌디어로 뭐라 그러며 경찰서 앞에서 나가라고 손짓하더니 내 허벅지를 다시 막대기로 짝! 내리쳤다. 무슨 봉변인가 싶어 그에게 때리지 말라고 항의했지만, 외국어로 화를 내려니 뭔가 어색했다. 경찰은 내가 외국인임을 확인하고 멈칫하더니 줄행랑치듯 경찰서 안으로 들어갔다. 아마도 현지 사람인 것처럼 보여 평상시처럼 후려 팼는데, 관광객이었으니 낭패라고 생각한 듯했다. 맞은 게 분했지만, 여기 있다가는 또 무슨 매를 맞을지 몰라 기차역 안으로 쩔룩거리며 들어갔다.

플랫폼 선로에는 소가 어슬렁거리며 무엇이 떨어졌는지 살피며 걷고 있었다. 내 앞에 오더니 우두커니 서며 커다란 눈망울을 굴렸다. 흰자와 검은자가 움직이며 내 눈치를 보는 것이 혹시나 먹을 것이나 건네줄까 하는 듯싶었다. 흔한 바나나껍질도 없어서 고개를 가로저었다. 소는 알아차리는 듯 다시 느릿느릿 플랫폼을 빠져나갔다.

감출 수 없는 눈물,
사라 나무 꽃비

'어두운 거리에 찬 이슬이 내려앉고 있네. 소군! 갈 곳이 어디 있나? 없더라도 이슬 피할 데는 마련한 거지?'

델리로 가는 밤 기차를 타고 기차 안에서 지인들에게 편지를 썼다. 그동안 들른 곳마다 구매한 엽서가 뭉치로 꽤 되었는데, 이번에 소진할 요량이었다. 물론 루까에게도 엽서를 썼다.

'나는 네가 말한 대로 사막 모래밭에서 별을 보았으며, 잔잔한 포카라 호수에서 노를 저어봤고, 높은 산에 올라 구름이 발아래 걸려 있는 것도 보았다.'

다음 구절은 고심하다가 볼펜으로 꾹꾹 눌러썼다.

'비가 쏟아지는 메콩강을 너와 같이 걷고 싶다.'

기차는 계속해서 달렸다. 하룻밤을 자고 다음 날 아침과 점심을 열차 안에서 먹고도 기차는 쉬지 않고 달렸다. 옆자리에 앉는 사람도 내가 꾸준하게 글을 적는 것을 보면서 별다르게 말을 건네지 않고 내가 전념할 수 있게 했다.

태국을 거쳐 라오스로 가기 위해 델리 국제공항에서 급히 출국 수속을 했다. 내가 서두른다 해도 비행기 출국 시간은 정해져 있는데 마음만 급했다. 출국 전 델리에서 소일거리를 할 겸 꿉뜨미나르에 다시 들렀다.

궁 안쪽 모스크 안뜰에 들어가서 걷다가 사람들이 많이 몰려있는 높다란

▼
굽뜨 유적지 녹슬지 않는 철주

쇠기둥까지 걸어왔다. 사람들은 쇠기둥을 등지고 서서 뒤로 팔을 깍지 끼려고 노력했다. 어떤 사람은 억지로 노력해도 안 되자 주변 사람 도움을 요청했다. 한 남자가 그의 어깨를 꺾자 팔이 꺾이는 고통으로 날카로운 비명을 질렀다. 사람들은 모두 웃었다.

　뒤에서 구경하던 나도 사람들이 등을 떠밀며 해보라고 하여 얼떨결에 쇠기둥까지 다가갔다. 그들이 하는 대로 팔을 뒤로 돌려 깍지 껴서 쇠기둥을 안았다. 손쉽게 되자 사람들이 손뼉 치며 웃었다. 그중 한 중년 남자가 말했다.

　　　"쇠기둥을 뒤로하여 안을 수 있는 사람은 다시 인도로 돌아올 수
　　　있다고 하던데 당신은 꼭 인도로 다시 올 거다."

감출 수 없는 눈물,
사라 나무 꽃비

그 말을 듣자 기분이 좋아졌다. 그는 내가 안은 철 기둥이 만든 지 1500년이 지나도록 전혀 녹슬지 않아 신비한 기둥이라 했다. 그러면서 내게 힌디어로 말했다.

"피르 밀렝게."

처음에는 무슨 뜻인가 머뭇거리자 그가 다시 영어로 "씨유 어게인!"이라고 말했다. 불현듯 인도에 처음 발을 디뎠을 때 한 여행자가 가르쳐준 단어였다는 것이 비로소 떠올랐다.

29.

나는 이제 어디로 가야 하나

진정한 자유는 자기 자신을 배려하고
자기 자신을 돌보며 자기 자신에 몰두하여
주체의 변화를 얻고 용기 있는 실천으로 완성한다.

니체의 초인

태국 공항에서 카오산으로 이동한 후 숙소를 잡고 시내를 돌아다녔다. 방콕에서 가장 훌륭하다는 에메랄드 불상이 모셔진 왓 프라깨우 사원에 먼저 들렀다. 과연 태국 본토 사찰의 화려함은 극치를 이루었다. 정교한 문양은 황금색으로 치장되었고 하늘로 치솟은 탑의 규모는 웅장하여 파란 하늘과 황금색 탑은 눈을 부시게 만들었다. 절 내부 벽화는 화려한 채색으로 그려져 있었다. 재미있게도 그림 내용은 힌두교 신화인 라마야나 장면들이었다. 대법전 봇을 지나 경내에서 가장 화려한 황금색 불탑을 둘러보았다. 탑 안에는 부처님의 진신사리가 안치됐다고 했다.

쿠시나가르에서 입적하신 부처님의 사리가 여기 방콕의 불탑에도 모셔져 있다니 감읍했다. 부처님 육신은 불꽃과 연기로 사라졌지만, 사람들은 부처님에 대한 연모의 정을 차마 잊지 못하고 남은 유골을 추려내어 탑에 모셔 놨다. 법만으로는 그분의 뜻을 알지 못하니 이렇게 탑이라도 높고 웅장하게 만들어 봄으로써 그분의 법을 비로소 상기하게 되니 그것은 어쩔 도리가 없다.

이런저런 생각에 잠겨 탑을 돌고 있으니 우리나라에서 온 일행과 인사를 하며 합류했다. 나보다 나이가 두 살씩 많아 누나라고 부르니 금세 친해져 일행이 됐다. 우리는 사원과 왕궁 주변을 돌아다니며 왓 프라깨우를 시작으로 왓 포라는 와불과 왓 아룬이라는 곳까지 걸어서 이동했다. 날은 무척 더워 더위에 시달렸지만, 태국 불교 건축의 특이한 양식에 입을 다물지 못하고 따라다녔다. 사찰과 건축물을 둘러보고는 선착장에서 수상 보트를 타며 방콕 시내를 유유히 돌아다니기도 했다.

▼
에메랄드 불상을 지키는 쑤크립

  날이 어느덧 어둑해져 일행은 카오산 로드에서 저녁 식사를 함께했다. 식사 후 맥주를 마시며 각자 서로가 다녀온 여행의 소감을 말하자고 했다. 윤과 현 누나는 졸업 후 학창 시절 치열하게 지키려 했던 가치가 사회에서 내팽개쳐져 고통스러웠다고 했다. 여행으로 조금이라도 치유됐으면 한다

나는 이제 어디로
가야하나

고 했다. 그들 각자 자신의 경험과 생각을 솔직하게 말했지만, 나는 끝내 여행의 속내는 말하지 못했다. 어쩌면 다시 시작할 수 있는 여행이었기 때문이었다. 대신 두리뭉실하게 불교의 해탈이란 것이 무엇인지 알기 위해 긴 여행을 했다고 했다. 일행 중, 만이라는 선배는 욕심을 버리고 참된 평화를 맛보았냐고 물어왔다. 나는 고개를 가로저으며 말했다.

"세상의 어떤 것도 내 것이 아님을 거듭 상기한 터라 참으로 쓸쓸한 여행이었습니다."

만 선배는 밀의 자유론을 언급하며 마무리하고 맥주잔을 들어 치어스를 외쳤다.

"우리가 여행이든 다른 무엇을 하든 스스로 결정하며 행동하는 것 자체가 의미 있지. 최선이기 때문이 아니라 스스로 선택했다는 점 때문에."

그의 말에 다들 고개를 끄덕이며 잔을 부딪쳤다. 여담으로 각자 여행 에피소드를 듣고 맥주를 마셨다. 한편 우리 옆 테이블에서는 집시풍의 유럽 젊은이들이 기타를 치고 있었다. 긴 치마와 붉은 헝겊으로 노랑머리를 딴 여자는 매우 호소력 깊은 목소리로 팝송을 불렀다. 가만 들어보니 이노호사의 '돈데 보이'였다. 후렴구로 들어갈 때 몇몇은 따라 부르기도 했다.

'돈데 보이 돈데 보이 (어디로 어디로, 난 어디로 가야 하나)

에스뻬란사 에스 미 데스티나시온 (희망 찾아 헤매고 있어요)
솔로 에스또이 솔로 에스또이 (나 홀로 외로이)
뽀르엘 몬떼 쁘로푸고 메 보이 (사막을 헤치며 도망자처럼)'

　우리도 대화를 멈추고 그녀의 노래에 매료되어 우두커니 바라보았다. 그
녀의 고운 노래가 끝나자 우리는 맥주병을 부딪치며 노래를 불러준 그녀
를 위해 축배했고, 그녀는 함박웃음을 지어 보이며 고마워했다. 문득 윤 누
나가 손가락으로 테이블을 가볍게 두드리더니 조용히 읊조리듯 노래를 불
렀다. 악기는 없어도 누나의 목소리는 노랑머리 여행자처럼 가냘파 심금을
울렸다. 노래 제목은 '민들레처럼'으로 모두 콧노래로 조용히 따라 불렀다.

　'민들레꽃처럼 살아야 한다. 내 가슴에 새긴 불타는 투혼
　무수한 발길에 짓밟힌대도 민들레처럼
　모질고 모진 이 생존의 땅에 내가 가야 할 저 투쟁의 길에
　온몸 부딪히며 살아야 한다. 민들레처럼.'

　젊음은 그 자체로 찬연하거늘 우리나라에서는 젊음을 만끽하지 못하고
왜 시대의 아픔과 같이 묶여있는지 모르겠다. 어차피 고통의 수레바퀴 속
에서 짓눌려질 삶인데, 멍에를 짊어지기 전 잠시라도 자유로울 수 없는가!
　그들과 헤어지고 숙소로 돌아오면서 마음은 더욱 울적해졌다. 카오산 로
드는 여행자로 거리가 가득 메워졌다. 거리는 쇼핑센터와 레스토랑과 클럽
의 네온사인이 반짝였다. 들리는 언어는 세계 각국 다양한 언어였다. 여행

나는 이제 어디로
가야하나

자들 몇몇은 어깨동무하며 유쾌한 노래를 부르고 지나갔다. 하지만 나는 고개를 푹 숙이며 주머니에 손을 찔러놓고 걸어갔다. 타국에서 여행자가 되지 못하고 이방인이 되어버린 쓸쓸한 느낌이었다.

밤에 맡는 하얀 참파 꽃향기는 더욱더 진했다. 우리나라 가을에 들어설 때 맡는 밤꽃 냄새처럼 참파 꽃향기는 머리를 어질하게 했다. 태국 날씨는 밤에도 너무 더웠다. 등줄기로 땀이 타고 내려오는 것이 느껴졌다.

'너무 덥다. 너무 더워.'

▼
향기 진한 참파 꽃. 꽃말 - 당신을 만난 건 행운입니다.

델리와 달리 방콕은 너무 더웠으며, 밤에도 그 더위가 가라앉지 않았다. 밤중에도 더위에 몇 번을 깼는지 몰랐다. 그때마다 찬물로 샤워하며 여긴 너무 더운 곳이라고만 푸념하며 잠자리에 들었다.

아침에는 게스트하우스 식당에서 일본 청년 케이를 만났다. 방콕 공항에서 안면을 텄는데, 어린 사람이 짧은 스포츠머리에 구레나룻을 기르고 복장도 전형적인 일본인이어서 눈에 띄었다. 그는 가난한 티를 팍팍 내며 공항에서 궁상을 떨었는데, 알고 보니 같은 숙소에 머무르고 있었다. 그는 영어를 어눌하게 하며 손짓, 발짓으로 자기가 어디를 갔는지 어떻게 아르바이트하면서 돈을 마련하고 여행 다니는지 설명했다. 그의 말을 해석하며 들어보니 꽤 여러 나라를 돌아다닌 듯했다. 혹시나 해서 라오스에 관하여 물어봤다. 그랬더니 케이는 라오스에서 건너왔다고 했다. 나는 반색하며 그에게 라오스로 가려면 어떻게 가는지 물어봤다.

그는 일본인이라면 대부분 육로를 이용해서 건너간다며 몇 블록 떨어져 있는 머칫 국제버스터미널에서 라오스 팍세로 갈 수 있다고 알려줬다. 버스 타고 국경을 넘을 수 있냐고 거듭 되물으니 케이는 자기가 팍세에서 방콕까지 버스 타고 왔다며 반대로 가려면 저녁때 야간버스를 타고 새벽에나 도착할 수 있다고 했다. 케이는 화제를 바꿔 오늘 밤 킥복싱을 보러 가자고 말했다. 의외라는 듯 킥복싱이라고 반문하니 태국에 온 일본인은 모두 관람한다며 어설픈 발차기 포즈를 취해 보였다. 오른손으로는 나를 향해 잽! 잽! 하며 헛주먹질하기도 했다. 나는 웃으며 어제 다 못 본 사원을 보려 하니 오후에 다시 만나자고 말하고 거리를 나섰다.

나는 다시 방콕 시내의 사찰을 찬찬히 훑어보고 근처 박물관에도 들어가 보고 왕궁에서 조금 떨어진 왓 마하탓이라는 절로 들어갔다. 규모는 상당했으나 어제 들어간 왓 프라깨우보다는 관광객이 덜 붐볐다. 입구에서 합장하고 조용히 들어가 붉은 양탄자가 깔린 한쪽 구석에 앉았다. 내부는 하

나는 이제 어디로
가야하나

얀 페인트로 칠해진 기둥과 벽면으로 소박했고 중앙의 부처님은 금박을 입혀 화려했다. 가부좌를 틀고 앉아 계신 부처님상을 바라봤다.

방콕 왕실 사원 왓 프라깨우 입구

니체의 『자라투스트라는 이렇게 말했다』에서 인용한 초인이 혹시 석가모니가 아닌지 생각했다. 책에는 인간의 정신이 낙타, 사자, 아이의 단계를 거쳐 초인이 되는 과정이 있다고 했다. 자신의 운명에 체념하며 고단한 삶을 살아가는 낙타가 대부분 인간이라면, 사자는 사회의 권위에 맞서 싸우는 강인한 존재다. 하지만 사자는 자유를 얻었다 해도 참 행복이 무엇인지 모르기 때문에 또다시 무력감에 빠질 수밖에 없는 존재였다. 마지막 단계 아이는 늘 밝게 웃으며 과거에도 얽매여있지 않고 내일을 걱정하지 않으며 순간에 충실하다. 아이는 순진함과 호기심으로 새로운 가치를 찾고 불안감 없이 일을 저지르면서도 즐거움을 찾을 수 있는 존재이기도 하다. 석가모니는 왕궁에서의 안락한 삶을 버리고 억압받는 사람을 위해 사회의 모순을 고치려 했다. 수행을 통해 무애의 경지에 오르셨으며 아이와 같이 마음 닿는 대로 행하셔도 기쁨을 아는 분이셨다. 한사코 신이 아니라고 하시던 부처님은 어쩌면 진정한 초인이지 않았을까 싶었다.

오후쯤 게스트하우스 앞에서 케이를 만났다. 케이는 어디서 빌렸는지 오토바이를 끌고 나왔다. 나는 오토바이 뒷좌석에 앉아 마땅하게 손잡을 것이 없어 불안했지만 태연한 척했다. 그는 킥복싱이 열린다는 스타디움으로 오토바이를 몰고 달렸다. 입구에서부터 사람들의 환호성이 들렸다. 그는 맨 앞자리 좋은 좌석을 맡았다고 나를 안내했다. 입장료는 매우 비싸서 가격을 듣고는 몸이 바로 움츠러들었지만, 티 내지 않았다. 지지리 궁상이라고 생각했던 일본인의 씀씀이도 못 따라간다는 것에 자존심도 상했다. 인도에서 몇 루피 아껴가며 여행을 다녔는데, 태국에서 그 몇백 배의 돈을 흥청망청 쓰고 있어 씁쓸했다.

장내는 열기와 환호성으로 후끈 달구어졌다. 킥복싱이 열리는 링 주변 관광객은 거의 일본인 일색이었다. 특히 일본 여성 관람객이 많았다. 그녀들은 복서가 격렬하게 싸울 때마다 카메라 셔터를 눌러대고, 선수 입이 터져 피가 철철 흘러내릴 때마다 응원 구호를 크게 외쳤다. 링 바로 앞에서 선수들이 싸우는 것을 직접 보니 주먹으로 몸뚱이를 가격하는 퍽퍽 소리가 들렸다. 배 속 내장까지 울리는 고통스러운 파열음이었다. 폭행 장면을 목격하는 것 같아 무척 당황스러웠다. 일본인 관광객들은 통쾌하다는 듯 소리 지르며 환호했다. 케이는 옆에서 나를 슬쩍 보더니 몇 년 전 일본에서 시작한 K-1 격투기는 킥복싱보다 더욱 격렬하다고 웃으며 말했다. 순간 사무라이 문화가 뼛속까지 깊이 박혀있는 일본인은 싸움 구경을 좋아하는가 싶었다. 그러면서 유달리 화약을 많이 터뜨리는 중국인은 불구경을 좋아한다고 생각했다. 그러면 우리나라는? 물론 싸움 구경과 불구경 둘 다 좋아한다.

나는 격투기를 가까이서 처음 보는 것이라 주변 일본인들과 잘 동화되지 못했다. 순간 머리에 붉은 몽콘을 맨 선수가 날아 차기 하며 상대방 선수를 쓰러뜨렸다. 선수는 바닥에 나뒹굴며 복부의 통증에 괴로워했다. 관중은 모두 일어서며 열광했다. 나는 고통으로 얼굴이 일그러지는 선수의 모습과 짜릿한 쾌감에 자지러지는 관람객 표정이 묘하게 비슷하다고 느꼈다. 루까도 설마 여기에 들렀을까 생각했다.

경기가 끝나고 스타디움에서 나와 케이와 시내 메남강까지 왔다. 밤인데도 강물은 거멓게 보이지 않고 황토색을 띠며 흘러갔다. 편의점에서 맥주 캔을 사서 나눠 마시며 강물을 바라보았다. 케이는 저 흘러가는 물이 메남강이라며 메남강은 '물의 어머니'를 뜻한다고 했다. 라오스 산지에서 흘러 여기 방콕까지 온다고 했었다. 메콩강은 모든 강의 어머니라고 했다. 고개를 끄덕이며 우리는 맥주를 한 캔씩 더 사서 마셨다. 케이가 먼저 게스트하우스에 들어가느라 그와 헤어지고, 나는 홀로 남아 흘러가는 강물을 멍하니 바라보았다. 출렁이며 신음 내듯 흐르는 강물을 바라보며 문득 혼잣말로 중얼거렸다.

'이 강물을 거슬러 올라가면 라오스가 나오는구나.'

루까는 라오스의 메콩강을 따라 어디쯤 걸어가고 있을까? 그녀는 숲속에 묶여있지 않은 사슴이 초원을 찾아 거닐듯, 자유로운 여행을 추구하며 무소의 뿔처럼 혼자서 가고 있을 것이다. 가는 길에는 그 어떤 흔적도 없을 것이다. 그녀는 아무런 카르마를 남기지 않기 때문이다. 그에 반하여 나는 모든 것에 질척거리며 애련만 남아 장애로 남았다. 혼란스러웠다. 라오스를 앞두고 망설여졌다.

냉정해지자고 생각했다. 국경을 넘는다고 해도 사실 그녀를 찾을 수도 없을 것이고, 더구나 만남도 기약되지 않았다.

돌이켜보면 여행은 쓸쓸했고, 사람의 삶이란 그리 고단한 것인지 가슴 아팠다. 삶에 지친 사람은 저마다 신에게 다가가려 노력했지만, 그들의 운명은 신이 이끌어 주지 않았다. 사람들의 발걸음은 사원을 찾을 때보다 집으로 돌아갈 때가 더 가벼운 것을 보았다. 나의 여행도 잘못된 길로 접어들어 두려움에 떨기도 했으며 줄곧 수면 부족과 피곤함의 연속이었다. 그래도 나는 멈추지 않고 걸었다. 하지만 이제 멈춰야 하지 않을까 싶다.

이제 한국으로 돌아가면 무더운 이곳과 달리 거리엔 눈이 쌓여있을 테고, 찬바람도 매서울 것이다. 사람들은 여전히 무표정한 얼굴로 무채색 옷차림으로 거리를 메울 것이다.

방콕 거리에서 황금빛 사원이 조명을 받아 밤에도 선명하게 보였다. 그 탑에는 부처님의 사리가 모셔져 있다. 부처님은 몸이 늙고 병들어 마침내 길거리에서 돌아가시기 전까지도 사람들을 가르쳤다. 마지막 길은 황량하고 사람도 볼 수 없는 들판이었다. 황무지에서 눈을 감으시기 전 부처님은

나는 이제 어디로
가야하나

제자들에게 말씀하셨다.

'슬퍼하지 마라. 사랑하는 이와 언젠가는 헤어지게 되느니라.
모든 것은 반드시 사라지며 없어지는 허무한 것이다.
나를 믿지 말고 나의 법을 믿고 의지하고 깨달아라.'

시간이 흐른 후 라오스에서 바라본
메콩강은 진흙으로 엉기어 황토색을 띠었다.
몇 달 전 폭우로 라오스 아타프 주에서 댐이
붕괴하여 메콩강 주변의 모든 것이 쓸려갔다
고 했다. 사람이 만든 것도 심지어 사람도. 시
간도 이렇게 거칠게 흘러가는 건가 싶었다.
메콩강 너머 태국 농카이 지역이 보였다. 그
곳에서 메콩강을 건너 이곳으로 오려고 서성
이던 내 모습이 신기루처럼 보였다. 강물은
사람의 사연 따위 어떤 것에도 아랑곳하지
않고 세차게 흘러갔다. 강 주변은 온통 붉은
진흙으로 뒤덮여 있었다. 그나마 빨간 생채
기 위로 나무 한 그루, 오두막 한 채 남아 있
었다. 탄식 섞인 외마디가 나왔다.

'남김없이 사라졌구나.'

"신은 창조물이다. 신과 창조물 사이에는 차이가 없다.
그대가 움직이고, 노래하고, 사랑하는 것처럼 신은 창조된다."

- 우파니샤드에서 베단타 -